# 11人の考える日本人

## 吉田松陰から丸山眞男まで

片山杜秀



文春新書

1397

# 11人の考える日本人

吉田松陰から丸山眞男まで◎目次

写真：西田幾多郎、丸山眞男は文藝春秋写真資料室。
それ以外は国立国会図書館。

# 吉田松陰　尊王と軍事リアリズム

吉田松陰といえば「尊王攘夷」。明治維新の原動力となった思想家、変革者として、また松下村塾《しょうかそんじゅく》を開き、高杉晋作、久坂玄瑞《くさかげんずい》、伊藤博文、山県有朋らを生んだ教育者として、後世に大きな影響を与えた人物です。

その人生もドラマティックです。長崎や江戸に遊学して様々な学者、論客たちと交遊し、さらに見聞を広めるために脱藩した上に、海外への密航を企てて獄に繋《つな》がれる。せっかく出獄を許されたのに、幕府が朝廷の許可なく日米修好通商条約を調印したのに怒り、幕閣の暗殺計画を提言、安政の大獄に連なる形で取り調べを受けると、自分から進んで暗殺計画を語ってしまい、伝馬町の牢屋敷で刑死してしまう。このとき松陰二十九歳です。

この激烈な生涯ともあいまって、松陰には純粋すぎる理想家、夢想家といったファナティックなイメージも付きまとうのですが、それは恐らく違うでしょう。松陰の根幹にあったのは、きわめてリアリスティックな「軍学」だったのですから。

幕末の緊迫した国際情勢のなか、日本はいかにすれば生き残れるか。この難問を、あくまでも実践的に考え抜いた人――そんな「軍事的リアリスト」として吉田松陰を考えてみたいと思います。

## 若き軍学者の生涯

まず、吉田松陰の生涯をざっと見てみましょう。

文政十三年（一八三〇）、長州は萩城下に生まれた松陰は、先にも述べたように、安政六年（一八五九）には亡くなってしまいます。つまり、明治維新を迎える九年も前に、松陰はこの世を去っています。維新のために蒔《ま》いた種がこれから芽を出そうかという時に、いわば危険思想の持ち主、テロリストとして死罪となってしまっているわけです。

松陰は微禄の武士の家に生まれましたが、幼くして叔父の養子となります。養父は吉田大助といい、長州藩の山鹿《やまが》流兵学師範でした。松陰はその跡取りとして、殿様から藩士にまで軍学を講ずる者となるように育てられました。これは非常に重要です。松陰というと、儒学者あるいは広い意味での教育者としての顔が大きく取り上げられがちですけれども、彼は何よりもまず狭い意味での軍学者なのです。いざというときにどのように戦うか。その工夫をするのが幼い日からの松陰のミッションでした。松陰は何と九歳で藩校である明倫館で兵学を教え、十一歳で藩主に対して御前講義を行っています。

　松陰の時代とは、西洋列強が海の向こうから様々な形で干渉してくる「外圧の季節」に他なりません。松陰が生まれる以前、一七九二年にロシア使節ラクスマンが根室に来航、一八〇四年に同じくロシアのレザノフが長崎に来航、一八一八年にはゴルドンの率いるイギリス船が浦賀に現れ、日本との通商を要求します。しかし幕府はなるべく海外に門戸を開かぬのが幕藩体制に波風を立たせぬための最善の道だと言う政策を堅持しようとしており、一八二五年には異国船打払令を出すに至ります。長崎に来るオランダ船以外の西洋の船とは交渉事をせず、すぐに引き取ってもらおうということです。

　しかし、こうした対応で事が済むような御時世ではなかったのです。一八四〇年に勃発したアヘン戦争が潮目を決定的に変えました。外国船の来航はますます頻繁になる。そして、嘉永六年（一八五三）にペリーが浦賀にやってきます。

二百年あまり続いた徳川泰平の世、軍学が机上《きじょう》の空論で済んでいた時代は吹き飛んでしまいました。リアルに外国と対峙するとしたらどうしたらよいか。もしものとき、列強に勝つ術《すべ》はあるのか。日本にはいかなる現実的な選択肢があり得るのか。若き軍学者、吉田松陰の知恵の絞りどころとなりました。

松陰が抱いた「尊王」「幕藩体制の否定」、そして武士だけでなく農民なども参加した、後の奇兵隊に象徴される「国民皆兵」は、実はすべて「海外からの圧倒的な軍事圧力にいかに対抗するか」という軍学者の問いから出発しているのです。

## 誰に忠誠を尽くすのか

「尊王攘夷」のうち、攘夷、すなわち外国勢力を打ち払うことが国防と結びついているのは、まだわかります。しかし、なぜ国防を真剣に考えると、「尊王」になるのでしょうか。

少し詳しくみていきましょう。

松陰は死の三年前に「七生説」という文章をしたためています。これは松陰にとっての尊王思想がいかにして育《はぐく》まれたかをよく伝えてくれます。

七生とは「七生報国」の七生です。『太平記』には、湊川《みなとがわ》の合戦に敗れた楠木正成《まさしげ》に対して、弟の正季《まさすえ》が「七度生まれ変わって、朝敵を滅ぼしたい」と語る有名な場面があります。二十歳の松陰は、長州から江戸に行く旅の途中、現在は湊川神社がある楠木一党の最期の地を通り、そこに建つ石碑の碑文を読んで、感激を超えるレベルの異常な心的体験をします。

〈是れよりその後、忠孝節義の人、楠公を観て興起せざる者なければ、則ち楠公の後、また楠公を生ずる者、固《もと》より計り数うべからざるなり。何ぞ独り七たびのみならんや〉

楠木正成が後醍醐天皇に忠節を尽くして、命を投げ出し、一族と七たび生まれ変わって天皇をお守りしようと誓った。これぞ尊王精神の精華ではないか。身を震わせて涙を流した。何かが憑依してしまった。この体験が松陰のその後に大きな導きとなり支えともまたなるのです。

では、この楠公顕彰の石碑を湊川に建てたのは誰か。天下の副将軍、水戸黄門こと徳川光圀《みつくに》でした。

徳川光圀がかの『大日本史』の編纂《へんさん》を尊王史観に立脚して始めた際に、中心的スタッフに任じた一人に、佐々《さつさ》宗淳《むねきょ》がいます。講談の『水戸黄門漫遊記』の助さんこと佐々木助三郎のモデルですね。彼は資料収集係となって日本各地を旅しますが、あるとき、光圀の特命を受けて、楠木正成を称える碑を建立すべく、湊川に派遣されるのです。そうして出来上がった石碑の表側に光圀の筆による「嗚呼忠臣楠子之墓」という銘文が彫られ、裏面には朱舜水《しゆしゆんすい》による楠木正成を慕う文章が刻まれています。

　この朱舜水という人は、水戸学誕生のキーマンです。明末の儒学者で、滅びゆく明に身を捧げ、明に取って代わる清に最後まで抗して自ら戦闘にも加わり、ついに日本に亡命して長崎に仮寓《かぐう》していたのを、水戸藩に招かれ、光圀の師となりました。この朱舜水の愛弟子の一人が安積澹泊《あさかたんぱく》。『大日本史論賛』の執筆者で、格さんこと渥美格之進のモデルがこの人です。

　松陰はこの朱舜水の文章にも涙します。「七生説」は、この感激の質を哲学する文章になっている。時代も空間も離れていれば血縁でもない、楠木正成も朱舜水も松陰にとっては遠い昔の人だ。朱舜水に至っては外国人である。それなのに、なぜ時空を超えて共感共苦できてしまうのか。

　そこで松陰は儒学的な「理気」の概念を持ちだします。理は時空を超えた抽象概念であり、気は時空に囚われたその人その時の具体的気分と言ってよいでしょう。気はそれぞれで別物であり、ましてや時空を超えて通じるなんてはずはない。ところが松陰は楠木正成や朱舜水と気が通じてしまった。だからこそ湊川で慟哭《どうこく》してしまった。

では、松陰が楠木正成や徳川光圀や朱舜水と共有した気とは何か。そこで理と気の問題についての松陰独自の考察になります。気の元は理である。もしも同じ理を共有する者あらば、時空を超えて気が一致することもありうる。松陰は湊川でそういう経験をしてしまった。経験は絶対である。ということは、松陰は楠木正成や朱舜水と完璧に同型の理を有したのである。だから気が時空を超えて合致した。ゆえに憑依するものがあったのだ。こういう理屈になるわけです。

そこで「尊王」です。楠木正成は後醍醐天皇に対して、朱舜水は明の皇帝に対して忠誠を誓い続けた。後述しますが、徳川光圀が主導した水戸学も、この国を統治する万世一系の天皇に対する忠節を貫こうとした。そこなのです。天皇や皇帝とは絶対なのです。

松陰にとって忠義を尽くすべきなのは、彼が仕える長州藩の毛利の殿様でもなければ、武家の棟梁である征夷大将軍でもありませんでした。あくまでも忠誠の対象は、最上位の天皇でなければならない。その下の途中の者は究極的にはどうでもよい。だって、楠木正成や朱舜水と一致してしまったのだから。松陰の信仰でありました。

この忠誠のために、松陰は命を落とします。朝廷の許しを得ずに外国との条約を結んでしまうことは、天皇を軽んじ、ないがしろにすることにほかなりません。松陰は条約の是非ではなく、のちの言葉で言えば、天皇大権を侵犯した幕府に激高し、幕府の要人の暗殺を同志に呼びかけ、毛利の殿様には幕府を武力で討伐すべきだと建言しました。取り調べを受けて、テロ計画をしゃべってしまうのも、松陰にとっては正しいことをしているので、誰に憚《はばか》ることもない、死んでも悔いはない。そう考えていたからでしょう。

この儒学的な究極的なものへの純粋な忠誠心が、いわば松陰の尊王思想のオモテの面です。では、ウラ面とは何か。それは、天皇は国防の役に立つ、という軍事的リアリズムなのです。

この松陰の尊王思想に大きな影響を与えたのが水戸学でした。

## 水戸学と外圧

そもそも天皇崇拝の思想自体は、江戸時代にも、さまざまに唱えられていました。山崎闇斎《あんさい》系統の儒学でも、あるいは国学でも、日本においては天皇こそが絶対と考えていました。そのなかにあって、水戸学、ことに後期水戸学は、決して徳川将軍家を否定はしなかったのですが、天皇を最上位に置く国のありかた、それに沿った実践的な国防を突き詰めようと試行錯誤したがゆえに、松陰に、そして明治維新につながることとなりました。

水戸藩からそうした思想が生まれたのには、それなりの理由があります。幕藩体制において、水戸藩が置かれた特殊なポジションが色濃く反映しているのです。

徳川御三家の一つである水戸藩には、軍事的に江戸を守る役割が強く期待されていました。家康が幕府を開いた当初は、伊達政宗や上杉景勝といった油断ならぬ戦国大名たちが、北の地に残っていたのです。彼らを牽制し、いざという時に備えるべく、いまの茨城県に配置されたのが、水戸徳川家でした。

そんな大役を任されているにもかかわらず、水戸藩は同じ御三家、尾張と紀伊に比べて位も低ければ石高も少なかった。尾張と紀伊の当主は朝廷から大納言の官職を与えられましたが、水戸は中納言。徳川宗家の家督相続の権利は尾張と紀伊にはあるけれど、水戸にはない。石高もなぜか低く抑えられているので、財政的にも厳しい。にもかかわらず、防衛負担だけは大きい。まことに不当な扱いを受けていたのです。

そこまで冷遇される水戸藩に存在意義はあるのか。そんな苦悩にこたえるべく編み出されたのが水戸学でした。自分たちは単に幕府の命令で辛い任務に耐えているのではない。もっと神聖で正統性がある存在を守るべく存在しているのだ。その幕府を超えた神聖な存在は、万世一系の天皇である。これが水戸学のセントラル・ドグマ（根本原理）です。そして、この天皇の永続性、万世一系の正統性を、歴史という形で実証しようと立ち上げられたプロジェクトが、二代目藩主・徳川光圀による『大日本史』の編纂事業でした。これが前期水戸学です。歴史書の編纂という実践を通して、尊王の理念を具体的に形にしようとしたのです。

では、後期水戸学の中心テーマはなんだったのか。それは外圧への対処です。

もともと水戸藩は、場所柄、北方防衛の意識が強く、光圀の時代から蝦夷地《えぞち》にも深い関心を寄せていました。外圧といえば、ペリーの黒船の印象がどうしても大きいのですが、それよりも半世紀以上早く、日本に北方から圧力をかけていたのは、より近い隣国、ロシアでした。水戸藩の第九代藩主、徳川斉昭《なりあき》は光圀同様、蝦夷地にこだわり、かの地を水戸藩に管理させよとまで幕閣に説いて異常かつ危険な人物と扱われましたが、これも北方の守りを担うのは水戸藩という強烈な自負があったからです。

そうした後期水戸学の影響をダイレクトに受け止めたのが若き軍学者の吉田松陰でした。

松陰が江戸から東北巡廻の旅に出たのは嘉永四年（一八五一）のことです。同年暮れから新年にかけては水戸に滞在し、会沢正志斎、豊田天功ら、水戸の学者たちと時勢を論じ、大いに学びました。

松陰が水戸学に傾倒するきっかけになったのは、後期水戸学の最重要テキスト、会沢正志斎の『新論』を読んだことです。これは一八二五年の著作で、ちょうど幕府が異国船打払令を出した頃の水戸で書かれた文章です。

会沢正志斎は、後期水戸学における時代に即した新たな攘夷思想の確立者と呼べる、藤田幽谷《ゆうこく》の弟子です。幽谷の息子、藤田東湖も全国に名の轟《とどろ》く水戸学の中心人物でした。

会沢は、当時の水戸学者に共通したことですが、ロシアの南下政策に関心を持ち、一八〇一年には『千島異聞』を書いています。また一八二四年、水戸藩の大津浜にイギリスの捕鯨船の乗組員が上陸して捕縛されるという大津浜事件が起きたとき、通じぬ言葉に苦労しながらも尋問係を務め、『諳夷《あんい》問答《もんどう》』という書物にまとめています。

こうしたリアルな海外との遭遇にもインスパイアされて書かれた、尊王攘夷思想に基づく対外政策の提言が『新論』なのです。

〈謹んで按《あん》ずるに、神州は太陽の出ずる所、元気の始まる所にして、天日之《てんじつの》嗣《し》、世宸極《よよしんきょく》を

御し、終古易《かわ》らず。固より大地の元首にして、万国の綱紀なり〉

ごく簡単に現代語訳しますと「日本は太陽の出る一番東にある国、太陽のエネルギーによって世界が生きているとすれば、元気の始まる所である。そのあかしが天照大神《あまてらすおおみかみ》の子孫として君臨している天皇である。しかも革命もなく、天皇はずっと血筋を受け継いで今に伝わっている。終古変わらない。このような日本は大地の元首にして万国の綱紀である」と。

そして〈しかるに今、西荒《せいこう》の蛮夷、脛足《けいそく》の賤を以て、四海に奔走し、諸国を蹂躙《じゅうりん》し、（略）上国《じょうこく》を凌駕《りょうが》せんと欲す〉と続きます。今、西洋というものが世界を荒らし回り、上国、すなわち日本をも凌駕しようとしている。日本を人の体の頭とすれば、ヨーロッパ、西洋は脛足の部分である。足であるのに、自分の頭を蹴りにくるようなとんでもない存在だというわけです。

注目すべきはこの後で、アメリカについて触れています。

〈而して海中の地、西夷、名づけて亜墨利加《アメリカ》と曰《い》うものに至っては、すなわちその背後なり。故にその民は愚戇《ぐとう》にして、なすところある能《あた》わず〉

この頃、水戸周辺の沖には、イギリス船のみならず、捕鯨目的でアメリカ船も現れるようになっていました。正志斎は、日本を頭、ユーラシア大陸を胴体と手足に譬《たと》えているので、アメリカはその向こうの大西洋の先の大陸ですから、人体に入っていない。人間の内に入らない。その住民も愚かの極みというわけです。

これは一般の武士から庶民に至るまで、広い対象に向けて、攘夷を徹底すべしと説くプロパガンダの書ですから、敵は恐るるに足らず、あいつらは足だ背中だ、人体の内にも入らない連中だと、さかんに強がりを言う。けれど、本当は恐ろしい脅威だとは百も承知。その危機意識が、今、必要な最新の議論ということで『新論』に述べられている。

では、こうした西洋の侵略に対抗して、日本の独立を守るためには何が一番大事なのか。会沢が挙げるのは〈億兆心を一に〉すること、つまり日本人がみな心を一つにして、「国体」、国のあり方をただすことでした。そうしなければ西洋にかなわないと、正志斎はよく分かっていた。では、どうしたら一つになれるのか。そこで、前期水戸学とはまた違った文脈で、天皇が持ちだされるのです。

## 幕藩体制の重大な欠陥

確かに、外圧から生じる有事に立ち向かうという意味では、幕藩体制は大きな欠陥を抱えたシステムでした。というのも、江戸幕府は諸大名を支配していますが、地方の統治はそれぞれの藩が担う、いわば分権的な統治体制だったからです。欧米の船が日本近海に現れるようになって、幕府は異国船打払令を出しますが、実際に対応するのは、各藩でした。たとえば一八〇八年、長崎港にイギリスの軍艦が侵入するフェートン号事件が起こりますが、このときも佐賀藩や福岡藩、大村藩といった地元の藩の兵力で対応せざるを得なかったのです。

長州藩の兵学師範として、松陰は考えます。長州周辺の海域に西洋の軍艦が迫ってきたときに、どう戦うのか。はたして長州藩だけで、長い海岸線を守ることができるのか。いや、無理だ、自らが仕える藩を守るという従来の武士のモードでは、海外の軍事力とは戦えない。国をまるごと守れる新しい軍隊がどうしても必要だ。それには動員の論理が不可欠である。日本人全体で戦う理由をデザインしておかなければ意思の統一、結集ができないと考えたわけです。

ならば、同じ日本人として外国と戦う意識、すなわちナショナル・アイデンティティをまとめる仕掛けが必要になる。松陰が『新論』に学んだ肝の部分でしょう。

国を挙げて戦おうというときに、「うちの藩の殿様がいて、その上に徳川の将軍様がいて、さらにその上に天皇がいるようだ」というのでは、意思がバラバラになりやすい。「うちの藩にとっては有利だが、徳川将軍家は困るだろう」といった複雑な事態も起こり得るし、軍隊式にいえば命令系統が混乱する危険性もあります。

藩や身分などを超えて、一元的に日本人を結集させる仕掛けとして持ち出すべきは天皇である。会沢正志斎のいう「国体」を持ち出すことが、最大多数の動員を可能にすると考えるのです。もちろん正志斎にとっては将軍や副将軍、幕府や水戸藩も大事なのですが、名著は読み破られてしまうものです。松陰は読み破りました。いざというときは藩や幕府は邪魔なのです。外圧という国難に対応するには天皇中心の中央集権国家しかない。松陰はそこまで行ってしまうのです。

## 西洋の軍事をリアルに認識せよ

さらに松陰は、後期水戸学の影響を多分に受けながら、外国と戦って勝つために、日本に不足しているものは何なのかを、リアリスティックに考えていきます。

松陰の本質が軍事リアリズムにあることがよくわかる文章を紹介しましょう。松下村塾の創立者で、松陰の叔父にあたる玉木文之進にあてた書簡です。

〈銃隊砲隊も一々西洋の規則に従い、（略）足軽中間《ちゅうげん》に至るまで、是非とも一日一度ずつ稽古仕《つかまつ》らせ候よういたさずては、来春の野戦は出来申さず。また短兵格闘は本邦の長所なれども、かかる備えこれなくては短兵格闘の士もその長を施すところ御座なく候〉

西洋は基本的に大砲や鉄砲という飛び道具による戦いをしてくる。これに対抗するためには、日本人のこれまでの短兵格闘の方法論では負けてしまう。時代遅れであることを、きちんと認識しなければならないと説くのです。短兵格闘とは、読んで字の如くで、短兵は短い距離の中での戦闘のこと。逆に長兵というのは、長距離での戦闘ですから、飛び道具の世界です。

江戸期の日本人は、この短兵格闘なら、西洋が相手でも勝てるという大きな自信を持っていました。

一七九三年、ラクスマン根室来航の翌年に、水戸学者でもある木村謙次という医家が、水戸藩の密命を受けて蝦夷の松前調査に向かいます。木村はさらに一七九八年には近藤重蔵の蝦夷地探検にも同行して、ロシア事情調査に大きな役割を果たします。この木村の書いた松前調査の報告書『北行日録』を読んでいたら、短兵格闘最強説ともいうべき論考が載っていました。

〈ヲロシヤには鎧を用す。皮服にて結束す、陸歩に便ならず。蝦夷にも勝つこと能わず〉

　つまり、ロシア人は重い鎧を着て、図体も大きく鈍重であると。だから小兵よく大兵を制すで、日本人は動きの鈍い西洋人に勝てる。日本人は命も惜しまないから軽装で戦えるし、もともと小柄なので敏捷に立ち回ることができる。接近戦では絶対に西洋人に勝てると言うのです。これは十八世紀末に書かれたものですけれども、後の日露戦争や太平洋戦争の際にも、同様の言説が唱えられたことを思い出さずにはいられません。白兵戦に持ち込めば勝てるとか、切り込み隊だ、零戦だと、軽装で敏捷にやれば西洋人に勝てるという信仰はずっと続いてしまうわけです。

　しかし、松陰はこれを退けます。こういう精神主義的なことではダメだ。こちらも対等な飛び道具を使わないことには勝ちを探れない。銃砲を扱うには西洋式で日々、訓練するほかない。そう論じるのです。とにかく西洋の戦い方をリアルに認識せよ。それが軍学者松陰の思想でした。

　しかしここでぶつかってしまうのは、では、どこから西洋の最新式の飛び道具を手に入れるのか、という現実的な問題です。もちろんこれを解決する唯一の方法としては、西洋から兵器を買うしかありません。松陰は悩みます。西洋と通商を行うことは、ある意味で、彼らの術中にはまる危険が高い。

たとえばアメリカに対して開国し、通商を始めた場合を、松陰はシミュレーションします。アメリカは江戸から遠い藩の大名に対して、次のような提案をもちかけるかもしれません。

「参勤交代の際には海を回ったほうが安上がりでしょう。そのためにアメリカの船を買ってください。値は張りますが、資金はお貸しできます。ゆっくり返していただければ」。

こうして売買が成立したとします。では、その藩が借金を返せなかった場合、どうなるか。

アメリカは租借権だ何だと要求し、日本は部分的ではあるが事実上の植民地にされてしまうだろう。これはロシアやイギリスが世界各地でやってきたパターンである。つまり通商を不用意な形で開放すると、結局、日本は西洋の属国として飲み込まれてしまう。『狂夫の言』という文章で、そう松陰は喝破します。

だからといって、このまま鎖国体制にあることが、日本を守ることにはならない。それが松陰の現実認識でした。外国と通商して、最新の兵器を備えておかなければ、いざという時にやられてしまう。『狂夫の言』と同じ年に書かれた『対策一道』で、松陰は〈航海通市は固より雄略の資にして祖宗の遺法なり、鎖国は（略）末世の弊政なり〉と説きます。

つまり、貿易によって軍資金を得ることは昔ながらのやり方で、鎖国は間違いというわけです。

この文章で松陰はこうも言っています。〈戦を主とする者は鎖国の説なり、和を主とする者は航海通市の策なり〉。しかし、そうではないのだ、戦うためには開国が必要なのだ、というのが松陰の戦略だったのです。この松陰の開国攘夷は、その後、薩長主流派の考え方となり、明治政府の基本方針となったことは言うまでもありません。

ここから松陰が幕府を批判したもうひとつの理由も浮かび上がってきます。幕府はアメリカと通商条約を結ぶと言っている。しかし、その幕府の姿勢は、先に挙げたような通商をテコにしてすきあらば侵略を仕掛けてくる欧米のやり方について、あまりにも無防備ではないか。いざという時には攘夷を行う、そのための開国であり、通商だという気概や戦略がないままに、欧米の威力に屈して条約を結ぶのは亡国の道である――そうリアリスト松陰は考えたのです。

## 「教育」で国を守る

イデオロギーで日本人を結集させるには、天皇を戴き忠誠を誓う仕掛けが一番いい。戦うための武器は、貿易によって手に入れるほかない。だが、そこで隙を見せれば、貿易を口実にして相手を侵すことにかけては海千山千の西洋諸国に、すぐに巧みに侵略されてしまうだろう。では、どうすればいいのか。松陰がたどり着いた答えはなんと「教育」でした。松陰の思想が水戸学と大きく違ってくるところは、この独自の教育論にあったと思います。

松陰は、これまでの江戸の社会、武士や農民、商人などに分かれて、それぞれの職分を守っていれば丸く収まるという体制ではもはや立ち行かないと考えました。軍事を担っているのは武士ですが、それは人口の数パーセントにすぎません。脅威は海の外から来ます。島国日本の長い長い海岸線を守るのに、外国に立ち向かう兵力は武士だけ。そんな話は数量的にも現実的ではない。もっと多くの人々を兵士として動員しなければならない。そのためには、あらゆる階級に対しての教育が必要だ。人材養成が必要だ。そう考えたのです。

松陰は、死の前年、安政五年（一八五八）に『愚論』と題した文章を書いています。ここには、松陰の教育思想が書かれています。有禄無禄、武士浪人にかかわらず兵隊にする。農民でもどんな階級でも兵隊にする。浮浪の徒でも兵隊にする。教育があれば、どんな人でも兵隊になれる。この人間の力をあくまで信じているところが、松陰の近代性でしょう。

どんな人間も教育さえすれば立派になる、それによって国というものも短期間で変わることができる。明治に結びつく偉大な思想の一端です。

同年に執筆された『続愚論』には、文武兼備の大学校を作り、上は〈皇子皇孫より下《しも》斉民に至るまで、貴賤尊卑の隔《へだて》なく寄寓仕らせ、文武講習を宗とし、天下の英雄豪傑をこの内へ聚《あつ》め〉たい、と述べられています。教育によって国民のレベルを上げることこそ、日本を強くする方法であるという思想は、松陰最晩年の到達点でしょう。

この国民観が松陰と水戸学との大きな違いでした。水戸学はあくまでエリートのための学問です。基本的には侍という選ばれたエリートが日本をどう守っていくか、天皇を将軍が支え、将軍を副将軍や諸大名が支え……、という思想に終始します。エリート以外の人間に対しては、とにかく反逆を起こさないように統治する、愚民を抑えるという態度でものを考えている。

これに対して松陰はあらゆる階級に教育を開放しようと実践します。そして松陰が強調したのは、全ての階級を乗り越えて等しく動員するためには、農でも工でも商でも、身分の低い侍でもしっかり教育することであり、そうすれば、高禄で子どもの頃から四書五経を学んでエリートになった人とも太刀打ちできるし、優れた人材を生み出すことができるということでした。むろん、その教育は外国に祖国を売らない教育でなければならない。開国しても隙を見せず、国の独立を守るには全国民に対する愛国教育しかない。国を発展させるためにも全国民のタレントを引き出す教育をせねばならない。

この理想を具体的に実現しようとしたのが松下村塾にほかなりませんでした。ここで松陰に学んだ高杉晋作はのちに農民や町人も参加できる奇兵隊を作り、その奇兵隊の指導にあたった大村益次郎は明治初年、藩の廃止や廃刀令などを提言し、武士の特権を解体してしまう。幕藩体制解体と四民平等と義務教育と国民皆兵は一体です。松陰の思想とそれを受け継いだ長州の若者たちが明治維新と日本の近代化に果たした役割は、やはり伊達ではありません。

## 福沢諭吉　今も古びない「お金の思想」

福沢諭吉といえばどんなイメージをお持ちになるでしょうか。〈天は人の上に人を造らず人の下に人を造らず〉で始まる『学問のすすめ』。幕末から明治初期に渡米渡欧で見聞を広めて『文明論之概略』や『西洋事情』を著《あらわ》した明治を代表する開明的な人物。はたまた慶應義塾大学の創設者。いろいろあるとは思いますが、一般的には「一万円札の顔」ということになりましょうか。

福沢といえばお金。これは実はなかなか的を射たイメージでありまして、福沢諭吉という人は、「お金」をテーマにその思想遍歴を追っていくことで、本質に迫れるように思います。幕末から明治にかけて、日本という国のありようから個人の権利、女性の権利、そして天皇の独立というものまでを、一貫してお金を主眼にして考え抜いた人。それが福沢諭吉なのです。

福沢の人生をざっと見てみましょう。天保五年（一八三五）に生まれ、明治三十四年（一九〇一）に亡くなっていますから、江戸時代と明治時代がちょうど半分ずつ、まさに〈一身にして二生を経る〉という福沢の言葉通りに、二つの時代を生きたことになります。

前章の吉田松陰は一八三〇年生まれでしたから、年齢としては五つしか違わないのですが、福沢が活躍する維新後の社会を目にすることなく、松陰はこの世を去っています。福沢が没する一九〇一年というのは日清戦争が終わり、日露戦争が始まる前ですから、それぞれが生きた時代は大きく異なっていることがよくわかると思います。

福沢は大分の中津藩士の子どもですが、生まれたのは商都大坂の、しかも堂島でした。これは福沢の家が、大坂に置かれた中津藩の蔵屋敷でお金の計算を仕事とする算盤侍《そろばんざむらい》の家だったからです。ところがその父親は諭吉が一歳の時に亡くなってしまい、福沢家は中津へ戻ります。

貧しい下級武士の家柄の二男ということで、家督相続者でもなく、将来も見通せない状況で、才覚のある青年としてやっていくには学問で身を立てるしかない。福沢は儒学、蘭学、英学と、その時代時代で一番将来性のある学問を勉強していきます。

十九歳のとき蘭学修業で長崎に行き、二十歳で大坂の緒方洪庵の適塾に入って、三年余りをそこで過ごして塾頭になります。藩命によって江戸に下り、安政五年（一八五八）には中津藩中屋敷内に蘭学塾を開きます。ここが十年後の慶応四年（一八六八）、慶應義塾と名前を改めて、今に至ります。

そこで巡ってきたチャンスが咸臨丸《かんりんまる》への乗船。安政七年（一八六〇）、遣米使節団の一員としてのアメリカ行きでした。翌年に今度は遣欧使節団の翻訳方として二回目の洋行。慶応三年（一八六七）には再び渡米。なんと維新前に三回もの欧米経験を持ったわけです。

## 「お金の話」ばかりの福翁自伝

学力を武器に、まことに上手く自分の人生をマネジメントして成功をつかむ。まさに言行一致ですが、その半生を自ら振り返った著作が、明治三十二年（一八九九）、福沢六十四歳の年に刊行された『福翁自伝』です。

あらためて読み返してみて印象的だったのは、妙に具体的な「お金の話」がいくつも登場することでした。咸臨丸でのエピソードを紹介します。まずは、「銀貨狼藉」という小見出しがついた一節です。

　朝起きて、艦長・木村摂津守の部屋を訪ねた時のこと。

〈その部屋に弗《ドル》が何百枚か何千枚か知れぬほど散乱している。どうしたのかと思うと、前夜の大嵐で、袋に入れて押入の中に積み上げてあった弗、定めし錠も卸してあったに違いないが、劇《はげ》しい船の動揺で、弗の袋が戸を押し破って外に散乱したものと見える。これは大変な事と思って、すぐに引き返して〉、吉岡勇平という人に報告し、一緒に散らばったドル紙幣を拾い集めます。そして、曰《いわ》く。

〈旅をすれば金が要《い》る、金が要れば金を持って行くというごく簡単な話で、何万弗だか知れない弗を、袋などに入れて艦長の部屋に蔵《おさ》めておいたその金が、嵐のために溢《あふ》れ出たというような奇談を生じたのである〉

　昔時《せきじ》を思い出しながら福沢は〈四十年前の事情が分りましょう〉と書き添えて、『福翁自伝』を書いている明治三十年代であれば、為替を向こうに送ってやれば済む話を、当時は本物のお金を船に積んでいった「奇談」として紹介しています。〈商売思想のない昔の武家はたいていこんなものである〉と、面白エピソードの一つとして書き残しているのですが、福沢の書くものしゃべることには、こうした具体的なお金にまつわるエピソードがやたらと多い。

　次に紹介するのも『福翁自伝』の一節です。この本で有名なエピソードに、「ワシントンの子孫は今どうしているんだ？」とアメリカ人に質問してみた、という話があります。その部分を見てみましょう。

〈今ワシントンの子孫はどうなっているかと尋ねたところが、その人のいうに、ワシントンの子孫には女《むすめ》があるはずだ、今どうしているか知らないが、何でも誰かの内室になっている容子《ようす》だといかにも冷淡な答えで、何とも思っておらぬ。これは不思議だ。もちろん私もアメリカは共和国、大統領は四年交代ということは百も承知のことながら、ワシントンの子孫といえば大変な者に違いないと思うたのは、こっちの脳中には源頼朝、徳川家康というような考えがあって、ソレから割り出して聞いたところが、今の通りの答えに驚いて、これは不思議と思うたことは今でもよく覚えている〉

　つまりアメリカにおいては、大統領は血統とか家柄とかでは決まらない、初代大統領の子孫が今どうなっているのかなんて、アメリカ人は興味を持っていない。これは福沢がデモクラシーというものについて思い知る大きなきっかけの一つだった——という文脈で紹介される話ですね。

確かにそうなのですが、この前後をよく読むと、興味深いことに、お金の話が続いています。ワシントンの話の前には、物価の話です。

〈物価の高いにも驚いた。牡蠣《かき》を一罎《ひとびん》買うと半弗、いくつあるかと思うと二十粒か三十粒ぐらいしかない。日本では二十四文か三十二文というその牡蠣が、アメリカでは一分二朱もする勘定で、恐ろしい物の高いところだ、呆れた話だ〉

そして、ワシントンの話の後には、小判の話です。

〈メールアイランドの海軍港にいる甲比丹《カピテン》のマッキズガルという人が、日本の貨幣を見たいというので、艦長はかねてそんなことのために用意したものと見え、新古金銀が数々あるから、慶長小判を始めとして万延年中までの貨幣を揃えて甲比丹のところへ送ってやった。ところが珍しい珍しいとばかりで、宝をもらったという考えは一寸《ちょい》とも顔色に見えない。昨日は誠にありがとうといってその翌朝お内儀さんが花を持って来てくれた。私はその取次をして独りひそかに感服した。人間というものはアアありたい〉〈金や銀をもらったからといってキョトキョト悦ぶというのは卑劣な話だ、アアありたいものだと、大きに感心したことがある〉

何に感心しているのかよく分からないと言えば分からないエピソードなのですが、ともかく福沢という人のお金に対する異様な関心がみてとれるでしょう。

さて、ではワシントンの話を「お金の話」に挟まれたものとして、もう一度考えてみますと、これはデモクラシーのありようを論じているというよりも、政治家の虚無性とお金の永続性を対比的に論じているようにも思えてきます。

つまり、政治を一生懸命やったところで、子孫がどうしているかなど気にもされなくなる。一方でお金というものは、もちろん子孫代々のうち誰かが蕩尽《とうじん》してしまうこともあるでしょうが、基本的には財産は受け継がれ、大きな会社は残っていく。政治的な名誉や地位よりも、お金があるほうが現代社会では永続性がある。論ずべきは政治よりもお金のありようである。福沢はそう語っているようにも思えてくるのです。

## 外国の力で長州征圧を提言

福沢の「お金」を中心としたリアリズムは、渡米後さっそく形となって現れます。それが慶応二年（一八六六）の「長州再征に関する建白書」。幕臣として、第二次長州征伐に向けて幕府に提出した政策提言です。福沢というと、のちに「時事新報」を創刊するなど、在野の言論人のイメージが強い。事実、維新後は一度も宮仕えをせずに生きていくのですが、幕末は幕臣としてこうやって建白書をものしたりもしていました。

その内容はというと、「内乱鎮圧には外国の力を用いよう」というものです。倒幕運動の中心的存在である長州に対し、幕府は軍勢を送って屈伏させようとはかります。しかし福沢の見るところ、長州も〈二ヶ年の間ひそかに武備相整え、軍器軍法とも残らず西洋流にいたし、かつ国民必死をもって官軍へ御敵対〉している。それに対して、徳川将軍家の兵力も洋式の訓練の行き届いたものだが〈一時の御成敗いかがこれあるべきや、深く心配仕り候〉、苦戦することは大いにあり得ますよというわけです。そこでどうするか。〈右の次第に付き、格別の御英断をもって外国の兵御頼相成《おたよりにあいなり》、防長二州を一揉《ひともみ》に御取潰し〉てはどうか、つまりイギリス、フランスといった西洋の軍隊によって長州を一気にやっつけてしまおうと提言している。とにかく戦争というものは勝たなければ意味がない、結局勝った方が勤王としての大義名分を得ることができるのだと福沢は説きます。現に長州がもし勝てば京都にのぼって、官軍即ち幕府軍に朝敵の名を押し付けるつもりだ、と。のちに、この福沢の読みどおりになってしまうのですが。

では外国の兵力に頼ったとして、まず想定しなければならないことは何か。ここでお金の問題が生じるわけですね。兵を雇い、武器を買う。どうしたって金が要る。ところが福沢は心配に及ばずと言い切って〈その子細は、ただいま防長二州の入高《いりだか》を年々百万俵と致し〉と計算を始めます。まず防長二州、つまり周防《すおう》と長門《ながと》による長州藩の収入が年々百万俵で、これを現金に換算すると二百万両。長州藩を取り潰せば年々二百万両が幕府に入る計算になる。そうすれば、戦争に勝つために西洋から二千万両の買い物をしたとしても、利息も含めて二十年後には完済できる。西洋には国債というものがあって、英国では一八六二年には八億九千万ポンドの国債を発行しているが、その年の政府歳入は七千万ポンドに過ぎない。これは一年に七百両の収入で、八千九百両の借金があるのと同じだが、それでも問題はない。しかもこうした計画を立てることは合理的な財政を組むことができる国として国際的に認められることになるだろうとまで、福沢は建言しています。

この策は結局採用されなかったわけですが、この建白書には福沢の思想が如実にあらわれています。お金とドライなリアリズム。それが徹底されています。

## 法律、政治よりも経済が上

法律とか政治というものは経済に従属する。福沢はこうした感覚を根っこに持っていたように思います。それがよくあらわれているのは、福沢が残した多くの事業のなかでも、最もよく知られている慶應義塾大学でしょう。私はこの大学の法学部に勤めているのですが、慶應といえば看板学部はやはり経済学部です。

事実、慶應義塾の初期のカリキュラムをみても、帳簿の書き方、計算法、そういった実際的な商業活動に必要な教育が大きなウェイトを占めていました。まさにここから現在の上皇の東宮時代に教育参与を務めた小泉信三や、戦後吉田内閣で文部大臣となり、教育基本法や学校教育法の制定に関わる高橋誠一郎といった日本社会に大きな影響を与える経済学者が輩出することになります。実業家では小林一三《いちぞう》、松永安左ェ門、岩崎久弥、武藤山《さん》治《じ》、藤原銀次郎と枚挙にいとまがありません。

この圧倒的な経済の優位という福沢の感覚を象徴している一枚の絵があります。安田靫《ゆき》彦《ひこ》が描いた「福沢諭吉ウェーランド経済書講述図」です。これも『福翁自伝』に登場する有名なエピソードですが、慶応四年（一八六八）の春、福沢諭吉が芝に移転した塾において、上野彰義隊の砲声を聞きながら、ウェーランドの経済書を講述しているという場面です。ウェーランドの経済書というのは、この講義の前年、再渡米した福沢が大量に買い込んだ中の一冊で、一八六六年にボストンで出版されたばかりの最新の経済学の本でした。

時はまさに戊辰《ぼしん》戦争の真っ只中。新政府軍と彰義隊が上野で激突するという戦争のクライマックスともいうべきさなかに、福沢は政治的に興奮することもなく、休講もせず、政治や軍事ではなく、淡々と経済を講じていたというわけです。福沢のある種の達観、政治や騒乱にはとらわれず、未来の日本を見据えるという姿勢を、一枚の絵にした趣があります。

さて、この教育者・福沢が重視した実学の一つに演説術があります。これは明治五〜九年（一八七二〜一八七六）に刊行された『学問のすすめ』の十二編にある「演説の法を勧《すすむ》るの説」に述べられているところですが、〈演説とは英語にて「スピイチ」といい、大勢の人を会して説を述べ、席上にて我思うところを人に伝《つたう》るの法なり〉と語り出します。〈西洋諸国にては演説の法最も盛んにして、政府の議院、学者の集会、商人の会社、市民の寄合より、冠婚葬祭、開業開店等の細事に至るまでも、僅《わず》かに十数名の人を会することあれば、必ずその会につき、あるいは会したる趣意を述べ、あるいは人々平生の持論を吐き、あるいは即席の思いつきを説いて、衆客に披露するの風なり〉と述べる福沢は、こういう習慣の中で議論をすることによって、社会をどういうふうに導いていくか、日々刻々、リアリティを持って運営していくのが西洋というものである、と熱心に演説の重要性を書いています。

演説術に並んで、福沢が力を入れて紹介しているのが、会議の方法についてです。明治六年（一八七三）の著作『会議弁』では、単に会議の進め方というハウツーではなくて、〈七時半の時計鳴るやいなや、小泉信吉進み出て、その口上に、／皆様、席へ御就き下さりませい〉といった具合に、戯曲のような仕立てにして説明しています。

たとえば、議長を選出する際にはどうすればいいか、というシチュエーションを設定し、決を採るときにはどういう進め方がよくて、不同意の数が多い場合はどんな進め方がベターなのか、一つ一つシナリオのように、細かく丁寧に書いていくのです。

ちょっと後になりますが、大隈重信がつくった早稲田大学には、雄弁会という政治演説の有名なサークルがあります。そこから何人もの総理大臣を輩出してもいますが、こういう演説とか会議といったものは、政治と結びつけて考えられやすい。事実、福沢の「演説をしましょう」という運動の中から、初期の議会政治家、尾崎行雄とか、犬養毅といった人々が育ってもいます。

しかし、ここで興味深いのは、福沢が勧めている演説や会議とは、政治ではなくて、あくまで実学、金儲けに役立つスキルだったことです。金儲けというのは、一人の知恵だけではできない。そのために人を集めて組織や会社を作って会議をする。そういうときに、集まった人をリードするための演説術、あるいは会議をするときにみんなの意見を上手に聞いて活性化させるテクニックが必要だ。これが実学を勧める福沢が強く意識してきたことなのです。

実は、福沢にとって慶應義塾自体が、まさに会議によって経営され、いかに合理的にお金を回すかに腐心する近代企業としての性格も最初から有していました。『福翁自伝』の「授業料の濫觴《らんしょう》」に、〈今では授業料なんぞは普通当然のようにあるが、ソレを始めて行うた時は実に天下の耳目を驚かしました〉と福沢自身がいささか自慢げに語っているように、慶應義塾は日本で初めて授業料を取る学校だったのです。それまでは物を習うときには、入門時に束脩《そくしゅう》を納め、盆暮れには付け届けをするようなしきたりはありましたが、あくまで教わることへのお礼であって、料金ではなかった。

福沢らしく、ここでもお金の話がきっちりと書かれています。

〈教授も矢張《やは》り人間の仕事だ、人間が人間の仕事をして金を取るに何の不都合がある、構うことはないから公然価《あたい》を極《き》めて取るがよいというので、授業料という名を作って、生徒一人から毎月金二分ずつ取り立て〉た、と。

さらに福沢がちゃっかりしているのは、〈その生徒には塾中の先進生が教えることにしました。その時塾に眠食する先進長者は、月に金四両あれば喰うことが出来たので、ソコで毎月生徒の持って来た授業料を掻き集めて、教師の頭に四両ずつ行き渡れば死にはせぬと大本を定め〉たことです。つまり、学生から授業料を取って、その学生に教える教師には四両の給金を払う。ところがこの教師というのは塾の上級生であって、学びながら教える「半学半教」というシステムを構築したのです。もし福沢が今生きていたら、インターネットを利用した、うまい情報ビジネスをひねり出していたかもしれません。

## 「人の上に人を造らず」の真意

〈天は人の上に人を造らず人の下に人を造らず〉

『学問のすすめ』冒頭に書かれた、最も有名な福沢のフレーズです。明治維新で四民平等の世の中になり、みんなが政治に参加できるようになった時代を象徴する言葉として、今も世間に受容されています。しかし、福沢がそんなきれいごとだけを語るでしょうか。

さらに『学問のすすめ』を読み進めていくと、こんな一節が登場してきます。

〈諺にいわく、天は富貴を人に与えずしてこれをその人の働きに与うるものなりと。されば前にも言える通り、人は生まれながらにして貴賤貧富の別なし。ただ学問を勤めて物事

をよく知る者は貴人となり富人となり、無学なる者は貧人となり下人となるなり〉
福沢は貴賤貧富の別のない平等な理想郷を論じているわけではないのです。ポイントはここでもお金。つまり、平等の摂理のもとでは、働き次第によって貧富の差が生まれるのは当然であって、だから学問を修めてよい仕事をしましょう、というのが福沢の真意でした。だから『学問のすすめ』なのです。

この本には、「たくさん儲けたから、たくさん使うぞみたいな態度で暮らしていてはよろしくない」というような経済道徳に関することも書かれています。福沢が親しんだ当時の英米の経済学はまだまだ経済と倫理を一体にしている時代でしたので、そういうことが経済学書にはいっぱい載っておりました。その影響もあったのでしょう。ただし福沢においては、「散財をせず、お金をしっかり貯める」ことは、単に道徳的な禁欲ではありませんでした。福沢にとって蓄財とは、個人が独立を達成する条件だったのです。

ここで福沢諭吉の思想を集約したキーワードが浮かび上がってきます。つまり「独立自尊」。それも人間の政治的な独立性とか、個人主義といった理念を掲げているのではなく、自分のお金で食っていけて、みんなを食わせてあげて、家族や会社を繁栄させることができる経済的主体としての自立こそが、福沢諭吉が理想とした独立自尊なのです。

個人の独立を実現するにはお金が必要である。この考え方は「婦人の独立」という、当時ではかなり先進的な議論にも応用されます。明治十八年（一八八五）の『日本婦人論』という著作で福沢は、女性が財産を持てない社会制度を問題視し、女性にも財産を分けよと訴えます。家の権利は対等に、夫の財産は妻にも分けられるようにせよ。こういう仕掛けを作って婦人もお金を持てるようにすれば、日本婦人の独立自尊も達成される。

## 税から考える国家論

さらに福沢はこの議論を国家にも当てはめます。福沢の国家論は、お金から考え抜かれた実にユニークなものです。『学問のすすめ』では「一身独立して一国独立する事」というくだりで論じられているのですが、実は幕末に刊行された『西洋事情』ですでに、福沢はお金を軸として国家の構造を明晰に考察しています。

まず文明の政治には六つのポイントがあると整理します。自主任意、信教の自由、科学技術の督励と産業発展、教育、警察国家、貧民救済の福祉。これらは近代国家を成立させる条件と言い換えてもいいものですが、これが国家の基本であると。その上で、福沢がまず重視するのは税です。国家というのはお金がないと国防も福祉も教育の充実もできない、だから税金を取る。福沢の国家論の基礎部分です。

経済が足りてこそ個人は独立する。予算があってこそ国家は独立する。では西洋はどうやって収入を確保しているか。〈港運上《うんじょう》、歳入第一の高なり〉とあるように、一番大きいのは関税です。

国が税を取るためには、個人に税金を払うだけの余裕がなければなりません。個人がお金を儲けると、国にもお金が入って、世界的に貿易が盛んになる。そして国家間で相互に経済的依存が深まると、戦争もしにくくなって、世界は平和になり、国も治まる。身を修めると家も平和、国も治まるという儒教の教えのお金バージョンです。

徴税において重要なのは、納める国民の納得感です。ここがうまくいかないと、不払い運動が起き、無理やり取り立てると江戸時代の一揆のような状況になってしまう。ではどうすればいいか。これも福沢は独特の観点から、しかし時代に沿った形で提言していました。明治十三年（一八八〇）、自由民権運動の流れの中で、神奈川の市民に頼まれて書いたという「国会開設の儀に付建言」です。

明治政府は日本人を守るだけの兵力を持っていないし、その軍備をするだけのお金も持っていない。もし戦争で外国に負けてしまったら、私たちの富も貨幣の価値も崩壊してしまう。外国と仲良くすることも大事だが、いざという時の想定、国防も大事であるという見解を述べたあとで、〈国債を募って急を救うの外《ほか》策略なかるべし〉、つまり国民に国債を買わせるしか策はないと論じます。しかし、税金を払うのにも抵抗があるのに、すすんで国債を買うでしょうか。そんな疑問に、福沢は、そこで重要なのは国民としての自覚、国家に対する責任意識だと、議論を展開していきます。〈今日の有様にては日本は政府の日本にして未だ人民の日本にあらず、故に日本の艱難《かんなん》もただ政府の艱難にして人民の艱難にあらず〉。国難を救うために国債を買うのが日本人として当たり前だという責任意識を持たせなくてはならない。では、その責任意識はどうやって生まれてくるのか。ここで福沢が切ってくるカードは「参政権」でした。〈参政の権を附与して国会を開設するの一策あるのみ〉と結論します。国民に責任ある一票を与えることが、最も安価な国家予算増強の方法なのであるというわけです。

　国会の開設についても、いわゆる民権対国権とか、自由民権運動の展開の話とは大きく違った論じ方であることがわかると思います。しかし、福沢のなかではいつも議論は一貫しています。前章の吉田松陰が「国防」というリアリズムから国家のあり方を考えていったように、福沢は「お金」のリアリズムから、全ての議論を出発させるのです。

## 天皇の経済的自立

さらにこの思想は、天皇の独立というところにまで到達します。明治十五年（一八八二）に書かれた『帝室論』で、福沢は国家が皇室にすべきことの〈第一の需要は資本、是なり〉と論じます。天皇と皇族にもっとお金を与えて、皇室を独立させなければ、天皇もまた独立自尊の存在にならない。これによって明治政府内で激論が巻き起こり、明治憲法の立案者である井上毅《こわし》などは「天皇を将軍のあり方に戻すのか」と烈火の如く怒ったといいます。

ところがその後、皇室には山林など多くの皇室財産が設定されます。私は、この決定の背景には、岩倉具視《ともみ》の力が働いたのではと考えています。万が一、天皇に反乱を起こす人間が現れたときに、やはり武力でこれを鎮圧するにはお金が必要で、その場合には皇室財産というものがなくてはならないと、岩倉は考えていました。

福沢は『帝室論』で皇室に財産を持たせるべきもう一つの理由も述べています。それが貧民救済です。福祉というのは政策的にやるにしても持続性がなければならない。ところがいずれ国会が開設されて、政党間での論争を基本に置く政治体制になれば、福祉政策をする、しないも、政党によって変わりうるものである。そうであるならば、天皇、皇室を政治から離れたものとして設定し、その意思をもって政治を超越した形で福祉を施せるようにすべきだ。このように福沢は考えるわけです。そうすれば、資本主義の競争によって乱れた国になっても、一定の福祉を持続的に行うことができると。

さらには経済的に成り立たないものを保護するのも、財産を持った皇室ができることだと提言します。〈帝室は政治社会の外に立って高尚なる学問の中心となり、かねてまた諸芸術を保存してその衰頽《すいたい》を救わせたまうべきものなり〉。学問、宗教、音楽などには、国民をまとめる力がある、和解や融和の機能を持っている。これに関わる存在として天皇、皇室はあるべきである。〈立君の国においては王室をもって人心収攬《しゅうらん》の中心たるべし〉と。

もっとも『帝室論』の七年後に発布される帝国憲法では、〈天皇は国の元首にして統治権を総攬〉するものとして、天皇を中心とした国家の仕組みがデザインされて、福沢が考えていたような文化と福祉の皇室・天皇像にはなりませんでした。しかし、天皇そのもののあり方をもお金を基準に考えて、そこから政治ではなく、文化と福祉を統《す》べる存在に見立てたというのは、かなりユニークな思想の展開だったと思います。

## 「みっともない」と「もったいない」を超えて

このように福沢諭吉の思想は、見事なまでにお金に裏打ちされた一貫性を持っていました。福沢にとって、お金について語ることは決してみっともないことではなかったし、むしろ真っ先にお金の話をすべきであるとさえ考えていました。さらには、もったいないと思ってお金を使わないことは、資本主義の健全な発達を阻害するものであると考えていたように思います。つまり「みっともない」と「もったいない」という、江戸以来続いてきた儒教的な規範、武家道徳を打破したのが福沢諭吉なのではないでしょうか。

実は、昭和の敗戦を経て、戦後にまで説得力を持ち続けたほとんど唯一の思想家が福沢だったといえるかもしれません。戦前、戦中の「国体」や「世界史の哲学」などが重要なテーマと思われた時代には、福沢のあまりにも即物的に思われる「お金の思想」は重視されませんでした。しかし、敗戦でそれら大文字の国家を背負った思想がことごとく〝破産〟するなか輝きを失わなかったのが、人間が独立して生きるにはお金が大事だ、という福沢の身もふたもない経済リアリズムだったのです。福沢は「近代」とは何か、「自由」とは何かをきわめて実践的な生き方の根幹として考え抜いた。だから今も古びないのです。

# 岡倉天心　エリート官僚が発見した「アジア」

日本の近代は「外圧」から始まりました。それに「軍事」で安全を保つにはどうしたら良いかを考えたのが吉田松陰で、その西洋の強さを「お金」だと喝破したのが福沢諭吉だったといえます。いささか乱暴ですが。

それに対し、「アジアにも西洋に劣らない、いや、優《まさ》っている文明がある」という主張は以前からありました。岡倉天心が新しかったのは、それを英語、つまり西洋の言葉で西洋人に向かって説いた点にあります。

「アジアは一つ」。この一文から始まる著作が明治三十六年（一九〇三）にロンドンで出版された『東洋の理想』です。翌年にニューヨークで出版されたのが『日本の覚醒』。そして明治三十九年（一九〇六）には西洋人に日本の茶の心を説く『茶の本』が同じくニューヨークで世に出されます。これらはもちろん全て、岡倉が英語で書いたものです。

岡倉は東洋、アジアというものを理想的な文明として主張し続けました。しかしながら、彼が言うところのアジアや東洋は、単に地理上のエリアを指すのではありません。宗教や美学によって構築された、ちょっと独特な観念です。一体、岡倉天心の思想の核心にあるアジアとは何だったのか。「アジアは一つ」とはいかなる思想の到達点だったのか。明治という時代の進展とともに、岡倉の思想遍歴を辿《たど》っていきたいと思います。

## 横浜育ちの英語エリート

まずは岡倉の生涯を簡単に振り返ってみましょう。

文久二年十二月（一八六三年二月）、越前藩士の子として横浜に生まれます。名前は角蔵、十代の頃に覚三と漢字を変えます。天心というのは号です。松平春嶽《しゅんがく》が治める幕末の越前では武器を買うために商売も熱心にしなければならない、藩財政を潤わせなければならないということで、藩命によって横浜での商売が行われていました。天心の父は勘定方の侍でしたが、横浜に藩が建てた商館で、貿易に従事していたのです。

横浜ですから、周りには英米人が日常的に暮らしていました。岡倉少年は、居留地にアメリカ人宣教師が開いた英語塾で、英語を習います。岡倉の英語力は、少年期に横浜という環境にいたことが大きかったのです。幕末から明治にかけての横浜ですから、これまでの秩序が大きく転換するただなかにあって、英語を身につけておけば、一握りのエリートとして立身出世が図れるだろうという目算もつきやすかったでしょう。

岡倉は明治六年（一八七三）には東京外国語学校（東京外国語大学の前身）に入学。その二年後、十二歳で東京開成学校に入学します。これは現在の東京大学のことです。岡倉が東京開成学校在学中に東京大学と名称変更があり、このあと帝国大学になったり東京帝国大学になったりして、戦後また東京大学に落ち着くわけですが、ともかく東京大学の文学部の学生となります。

この文学部には岡倉を含め八人しか学生がいませんでした。クラスメートには、大久保利通の子で、のちに内大臣として昭和天皇を支えた牧野伸顕や、帝国大学で日本人初の哲学教授となった井上哲次郎などがいました。まさに明治日本を支えるエリート育成機関だったのです。そして明治十三年（一八八〇）、十七歳の年に東京大学を卒業し、文部省に奉職します。つまり高級官吏として、日本の国づくりに加わることになるのです。

## 二十代で芸術行政の中枢に

まず岡倉が配置されたのが音楽取調掛、現在の東京藝術大学音楽学部になるところでした。ここでの岡倉の仕事はお雇い外国人メーソンの通訳でした。次に東京美術学校の設置業務に関わります。こちらは後に東京藝術大学美術学部になります。ここで出会ったお雇い外国人フェノロサは、岡倉の生涯に大きな影響を与えることになりますが、のちに詳しく述べることにしましょう。

明治二十二年（一八八九）、二十六歳で、帝国博物館、今の東京国立博物館の理事兼美術部長に就任します。同時に東京美術学校では授業も持ち、明治二十三年には校長に任命される。つまり日本の芸術行政の中枢を担うのです。

明治初期は国家があらゆる分野で文明開化政策を推し進めていきます。そのために各国から先進的な技術や知見を持つ「お雇い外国人」を招聘《しょうへい》します。ここで必要になるのが語学ができる官僚です。その人材はいつも不足しており、一方で仕事はどんどん増え、ポストも次々とつくられる。ですから当時において語学が堪能な官僚というのは、今では考えられないようなスピードで、若くしてどんどん出世していくのです。岡倉天心はその典型例といえるでしょう。

二十七歳で東京美術学校の校長となった岡倉は、横山大観、下村観山、菱田春草などの画家たちを育てますが、路線対立もあり、反目する一派に追い出される形で、明治三十一年（一八九八）、大観らとともに日本美術院を創設します。官界から離れて在野の身になった岡倉は、インド滞在、ボストン美術館で東アジア美術セクションの部長に就任するなど活動の舞台を広げながら、世界に向けて日本、アジア、東洋の文化を発信し続けました。明治四十四年（一九一一）、ボストンから帰国、二年後に他界するまで、五十年の人生を非常にダイナミックに駆け抜けた人であったことがわかっていただけると思います。

## 明治の英語教育

幼少期に横浜で学んだ英語の能力なくして、岡倉天心の思想形成とその広がりはありませんでした。ですので、岡倉が東大で学ぶことになった当時の日本の英語学習熱というものを、もう少し見ておきたいと思います。

先にも書いたとおり、英語学習というのは立身出世の道でした。なぜなら西洋の知識を輸入するには、自然科学だろうが経済学だろうが、向こうの書物を読まねばならず、英語が読めなければ始まらないからです。そこでまずは英語そのものを学ぼうとなるわけですが、いきなり大きな壁が立ちはだかります。

英語学習には、文法の理解が必要です。ところが当時は日本語による英文法の本はほとんどなく、英語で書かれた文法書で学ぶしかありませんでした。これがどれほど大変なことか。語学学習というより、暗号解読に近いかもしれません。当時の日本人にとって英語を学ぶということは、数少ない英語塾に入るか、英語と日本語でやりとりできるネイティブの外国人から教わるか、そういう特権的な条件がなければ難しかったのです。その中で岡倉は「勝ち組」だったわけです。

岡倉には、少年時代にはすでに英語は読めたが、漢字はからきし読めなかった、という本当か嘘か分からないような伝説もありますが、彼が残したメモやノートを見ると、別に日本語で書き残してもいいような日常的なささいなことも英語で書き綴っています。つまり日本語で書くよりも英語で書くほうが得意だったようです。

英語の発音についても岡倉はネイティブ仕込みの正しい発音をしていました。当時は、正しい発音での英語は「正則英語」。逆にとりあえず読んで意味が分かればよいという英語のほうを「変則英語」と呼んでいました。尾崎行雄の回想録を読んでいたら、「the」を「ザ」あるいは「ジ」と発音せずに「トヒー」などと発音する人もいた、と書かれていて驚きました。幕末の英語使いといえば福沢諭吉ですが、彼にしても発音に関してはオランダ流の英語発音が抜け切っていなかったといいます。

一方で正則英語は、まさに岡倉のような英語エリートだけが身につけられるスキルでした。たとえば、お雇い外国人を招く予算がついた官立学校でなら、正しい発音による英語を学ぶことができたために、クラーク博士のいた札幌農学校（北海道大学の前身）からは、内村鑑三や新渡戸稲造といった英語エリートが輩出しています。内村鑑三の『余は如何にして基督信徒となりし乎《か》』も、新渡戸稲造の『武士道』も元は英語で書かれたものですが、岡倉同様、彼ら英語エリートたちは、自らの思想を英語によって書いて発表することがごく自然のものとして身についていたのです。

## フェノロサから学んだこと

英語エリート官僚・岡倉覚三の文部省での最初の仕事は、お雇い外国人の通訳や事務仕事だったことは、前にも触れました。そのなかで、岡倉に大きな影響を与えたのがアメリカ人のアーネスト・フェノロサでした。

のちにボストン美術館の東洋部長をつとめるなど、東洋美術の紹介者として活躍するフェノロサですが、実はハーバード大学での専攻は哲学、政治経済でした。このフェノロサを日本に招いたのが、大森貝塚の発見で知られるエドワード・モースです。

フェノロサはお雇い外国人として、西洋化、脱亜入欧しようという日本に対して、西洋美術の素晴らしさ、その価値を教える役目を期待されていました。ところが、フェノロサはもともと東洋美術好きだったこともあって、日本美術、東洋美術を肯定的に評価します。岡倉らとともに近畿地方の古社寺の文化財調査も行いました。

では、フェノロサの美術観とはどのようなものだったのでしょうか。フェノロサは西洋絵画は写生主義であり、東洋の絵画は対象を線や色、濃淡などで表現する理想主義である、と論じました。たとえば同じ風景を描くにも、西洋は現実を科学的に丸写しにして事足れりとするところがある。それに対して、東洋はそこに見える山を写実的に丸写ししようとしない。その山をいかに主観的な意識を託した筆遣いや墨の濃淡によって表現するか、そこに重きを置いているのだといいます。現実を歪《ゆが》めてでも、自分の追求する理想を描こうという理想主義を、そこに見出します。

フェノロサは特に、東洋美術に現れる濃淡にこだわりました。〈西洋に現に濃淡という言葉なく、ただイタリア国にchiaroscuro〔キアロスクーロ〕なる語ありて明暗を意味せり。これ実物につきて生ずるところの陰影の明暗を指すのみなり〉（〔　〕内は引用者注。以下同）。つまり東洋の絵においては、同じ黒でもいかに濃淡があるか、陰影があるかが重要で、そのための言葉も発達している。逆に西洋では色の種類はたくさんあるが、その濃淡について表す言葉はほとんどない。また濃淡というものは竹林や松林に無限の世界を見せるような深み、奥行き、独特の遠近法を表現できる。西洋においては遠近法の画法が非常に発達したけれども、それはあくまで物理的な遠近法であって、墨の濃淡が表し得る深みとは違う。このように、東洋美術を礼賛しつづけました。

東京美術学校で日本美術史の講師もしていた岡倉は、このフェノロサ流の美学思想を受け継ぎます。西洋美術の真似ばかりしていてはダメだ、早く東洋美術の良さに気づかなければいけないと説き、水墨画のような日本人の精神主義に徹して、心の目を通した濃淡をつけて描くことに専念せよと論じました。

さらに『日本美術史』では、フェノロサの考えを仏教思想でアレンジしています。

〈仏教の哲理により唯心論に傾き、写生を離れて実物以外に美の存在を認む〉

この世は全部幻であって、見えているものの客観的な真実性というものはない。その人の見えるようにしか、ものは見えない。これが仏教の哲理から導かれる美術論である。そうすると、最大公約数的に、写真を撮るようにして絵を描いても意味がない。あくまで主観を磨くことでしか多くの人に訴えかける美術は誕生しない。そしてその主観の表現の一つとして濃淡がある。この濃淡表現を突き詰めたところに、菱田春草や横山大観がスタイルとした「朦朧体《もうろうたい》」が生まれ出てくるわけです。

こうしたフェノロサ譲りの東洋美術志向が、岡倉校長降ろしの「美術学校騒動」の原因となります。これまで述べてきたように、当時の日本の教育の根幹は、西洋文明の吸収にありました。美術学校においても同様で、西洋美術の学習こそ優先されるべきだと考えるグループと、岡倉とはまったく相容れません。やがて対立派から怪文書も撒《ま》かれる大騒動となり、岡倉は東京美術学校を追われます。そして、一緒に辞職した横山大観、菱田春草、橋本雅《が》邦《ほう》らとともに美術研究団体として日本美術院を立ち上げることになるのです。

## 欧州視察で発見した「アジア」という市場

かくして在野の身となった岡倉は明治三十四年（一九〇一）から一年間、インドに滞在し『東洋の覚醒』を書きます。そして『東洋の理想』、『日本の覚醒』、『茶の本』を次々と出版するのですが、ここで紹介したいのは、明治二十年（一八八七）にやはり英語で書かれた『欧州視察日誌』です。

これは岡倉がまだ文部官僚だった時代に、東京美術学校設立の準備として、フェノロサに同行して、ヨーロッパに視察に行った際の記録です。このとき岡倉はすでに「アジアは一つなり」の伏線になるような議論を行っているのです。

フランスのリヨンに行った時のこと。明治日本は生糸、絹織物を殖産興業の主力商品として打ち出していこうとしていましたが、フランスでも絹織物産業が非常に盛んであることを知って、有力なライバルになるだろうリヨンを視察したわけです。

なぜ文部官僚が繊維産業の政策まで考えなくてはならないのか。それは、絹織物は美術工芸品でもあるからです。さらにいえば、文部官僚としての岡倉にとって、日本美術の値打ちについて考えることも仕事の一つでした。

幕末の頃から、日本美術はパリの博覧会などで人気を博していました。明治政府としても、日本の美術品というのは西洋にとって文明的でもあり、商品価値があるものらしいと認識していたのです。そこで、かつてのように西洋のコレクターが求めるまま、仏像や煙管《キセル》や掛け軸などを無造作に流出させる態度は改めよう、きちんと日本側で価値を評価して、これは外国に売ってもいいが、これは日本で国宝として保存しようといった基準作りをするべきだ、という要請が生まれてきたのです。その基準作りに貢献したのが、フェノロサや岡倉たちの展開した東洋美術論でした。前に述べた古社寺の調査も、その基準作り、カタログ作りの一環でもありました。

さて美術と産業という観点から、絹織物のヨーロッパ輸出に現実味があるかどうかを岡倉は考えます。そして辿り着いた結論は、日本の絹織物を西洋に売るのは輸送費などの面からもデメリットが多く、嗜好性の観点からも不利な面が大きいだろうというものでした。やはりヨーロッパ人が作ったもののほうが、ヨーロッパ人の好みに合うのではないか。そこで岡倉は気がつきます。であれば、日本の絹織物はアジアに売ればよいのではないか。何も無理に西洋に市場を広げることはない。日本は東洋に市場を開拓すればいい。

これは岡倉にとって、商業的な観点だけの問題ではなく、政治的な問題でもありました。国家百年の計を考えると、日本がアジアで覇権を握り、尊敬を集めていくためには、東洋人が喜ぶ工芸品を作って市場を占有し、存在感を高めていくべきだと論じるわけです。これはまさに、日本と中国とインドは違う国だけれども、東洋という意味では同じ美意識があり、共通のバックグラウンドがあるとする「アジアは一つ」につながる考え方です。アジアというマーケットをつくり出すために、ルーツや価値観を同じくする美意識を見つけ、日本がリードすること。それがエリート文部官僚、岡倉覚三の「東洋の発見」だったのです。

維新後の日本では、西洋に対抗するためには、日本はまずアジアに勢力を伸ばし、その支配者となって国力を高めるべきだとする侵略的アジア主義があらわれます。そうした論者の一人が明治九年（一八七六）、萩の乱を起こした前原一誠《いっせい》でした。長州出身の志士で高杉晋作らとともに倒幕運動で活躍、維新後も参議や今の防衛大臣にあたる兵部大輔などを務めますが、国民皆兵路線に反対し、下野した人物です。前原は「アジア全州を統括するための長策を立てよ」と主張します。明治政府がやっていることは尊王攘夷の先延ばし状態であるとして、西洋を追っ払えるように準備を進めろ、日本に足りないところは朝鮮や台湾の人口を労働力にし、中国を属国にするくらいになれば、西洋とも対抗できる、と後の満洲国構想や大東亜共栄圏に近いことを唱えていました。こうした発想は、征韓論者とも共通する要素があります。

しかし、明治も十年代になると、日本によるアジア征服といった主張は、現実的には考えられない時代に入っていきます。そこで登場したのが、中国、インドなどのアジアの国々のなかに日本とも共通する「東洋」を見出し、日本主導で一体化を促進できないかという、新しいかたちのアジア主義だったといえるでしょう。

## 五浦での瞑想

岡倉は『東洋の理想』において、宗教を比較考察する中で、東洋の共通点を発見します。簡単に言えば、インドにはヒンドゥー教と仏教の、中国には儒教の、日本には仏教と儒教と神道の伝統がそれぞれある。これらの宗教は各々《おのおの》を考えたときに全然違ったものになるけれど、西洋と対置した場合には明らかに共通の土台が見えてくる。それは、救いや真実を外に求めずとも内側で充足する思想構造を持っているところであると論じます。

仏教においては一人ひとりが修行をして悟りを開けば仏になれる。人間には仏としての性質、仏性という最高のものがあらかじめ内側に備えられているとされる。ヒンドゥー教はこの仏教に先んじるバラモン教の延長線上にある。バラモン教では宇宙の本質的な性質である「梵《ぼん》」と人間個人の本質である「我《が》」はつながっている。「梵我《ぼんが》一如《いちによ》」として最高本質につながっている。

儒教では最高道徳の「天」があるけれど、これは一人ひとりが儒教の教えを勉強して理解して実行すれば、自《おの》ずから最高道徳を実現することになる。一人ひとりの中に「天」はあるというわけです。

神道の場合も同様です。神様と人間を別々に分けておらず、禊《みそぎ》をすれば自身で清き明《あか》き心を取り戻すことができる。東洋というものは、こうした共通した宗教観、自分自身で満足を得られる思想を持っているのだと捉えます。

それに対して西洋人は、外の世界しか信用していない。キリスト教では人間は罪深い存在とされ、不完全なものとされている。常に欠落を抱えており、自分自身で完成することのできない存在なのだと論じるのです。

フェノロサの議論を思い出してみてください。西洋は外の世界しか信用していない。だから目に見えたものをそのまま写生することに専念してしまう。それに対して、東洋美術は心の内側、主観で見えたものを表現するのだと論じていました。

岡倉のいう、自らの心の内側で充足できる行為として代表的なものが瞑想でしょう。岡倉は日本美術院を創設したあと、茨城の五浦《いづら》に六角堂という瞑想の場所を建てました。そしてそこで一人、実際に瞑想するわけです。この六角堂は東日本大震災で津波を受け、海に流失してしまうのですが、岡倉はそんな太平洋の荒波に洗われる危険な場所に小屋を建て、太平洋の向こうにあるアメリカ、つまり西洋との緊張を意識しながら東洋的な瞑想にふけっていたのです。

## 幻の反西洋アジテーション

実は岡倉天心には生前、発表されることのなかった幻の著作があります。それがインド滞在中に書かれたとされる『東洋の覚醒』です。

一九〇一年インドに渡った岡倉は、一年にわたる滞在で、イギリスの植民地であるインドの現実を目の当たりにします。そしてインドの友人らとの交流を持つ中で、彼らのためのアジテーションといってもいい文章を書き上げます。

〈何故にわれわれはかくも立てつづけに没落するのか。（略）まことに西洋の栄光は東洋の屈辱である！〉〈この沈黙を破ってこそ、大いなるアジアの声がふたたびきこえ、アジアの子らを大いなる戦いに目ざますのではないか〉

こうした詩のような語句とともに、インド独立運動を武力で達成せよというようなアジテーションや、西洋によるアジア侵略に対する批判、西洋を跳ね返すために、文明開化に成功した日本を模範にしてアジアはまとまるべしという理想が語られます。

『東洋の覚醒』は、岡倉の著作の中では例外的に政治的、軍事的なテーマに踏み込んだものなのですが、岡倉の生前には秘密出版すらされませんでした。それが昭和十年代になり、岡倉の孫によって発表され、大東亜共栄圏に向かっていく世相のなかで、先鋭的なアジア主義の著作として「再発見」されたのです。

## ボストン美術館で東洋精神を伝道

しかし、岡倉はひたすら西洋を敵視しているわけではありません。むしろ西洋人にもこういう東洋的な思想をわかってほしいと英語で文章を発表し、理解してもらおうとした。ボストン美術館で中国日本美術部の部長として、東洋美術の魅力を伝えようとしたのも、その一環でした。

明治四十一年（一九〇八）、岡倉は「中国日本美術部の現状と将来」という文書をボストン美術館に提出しています。東洋美術と東洋精神の理解を広めるために、中国日本美術部にはこれから何人のスタッフが必要か、どんなスキルをもった人材が必要か。一生懸命、地道にコツコツと書類を書いている。文部省の役人だった頃から、岡倉が一番得意としたのは、実はこうした実務でした。英語エリートとしての才能を遺憾《いかん》無く発揮して、東洋と西洋を繋ごうとしたのです。

一つの美的な経験を共有するところから、分かり合えるところが出てくるはずだ。東洋人の持っている三昧《さんまい》、自分だけで満足できるという気持ちの持ちようを、美の感動の力によって、ヨーロッパやアメリカに伝えることができるはずだ。岡倉はこうした使命感をもっていたと思います。

西洋人へ東洋人理解を促そうとした努力は、岡倉天心の最後の仕事にも見ることができます。大正元年（一九一二）、死の前年に書かれた「止静と観照の実践法」という文章です。「小止観」という瞑想のメソッドが書かれた教本の英訳です。

岡倉に翻訳を勧めたのはウィリアム・スタージス・ビゲローというアメリカの仏教研究者でした。このビゲローによる序文にはこう書かれています。

〈この本には三昧とよばれる意識状態の獲得、もしくは到達への完全にして詳細な方法が記されている。三昧に該当する英語は「エクスタシー」しかないが、それも単に「肉体の外の状態」という語源的な意味からでしかない〉。つまり三昧という自分の瞑想だけによって、外からの刺激を受けずに、自分の心の中だけで完結し充足する境地というものは、東洋人独特の精神であって、西洋人にとっては未知の精神状態であるというわけです。

岡倉は、もし西洋人がこの精神構造を学べば、資本主義とか帝国主義とか、自らを満たすために常に外に対して拡大していく西洋人の心根も少しは改まって、東西融和の道が開けるのではないか、そう考えました。それが「小止観」を英訳しようと考えたモチーフだったのです。岡倉はそのように世界平和の可能性を観ていました。

『茶の本』もこの瞑想の論と同系統に位置づけられましょう。東西に共通する喫茶の文化を深めてコミュニケーションすれば、道は開けるかもしれないという示唆《しさ》の書なのですから。岡倉のメッセージには今日こそ改めて汲むべきものがあります。それもどちらかというと、岡倉の著作の中でも地味に扱われてきたものの方が重要度を増しているのかもしれません。

## 北一輝　未完の超進化論

この章は革命家として知られる北一輝を取り上げます。彼の名前が表舞台に華々しく登場したのは、なんといっても昭和十一年（一九三六）、二・二六事件のときでした。陸軍青年将校たちが北一輝の思想に大きな影響を受けてクーデターを実行したため、北も軍法会議にかけられて、死刑になった。その意味ではこれから論じる『国体論及び純正社会主義』よりも大正十二年（一九二三）に刊行され青年将校らに〝革命の聖典〟として読まれた『日本改造法案大綱』がやはり主著ということになるでしょう。

そんな「昭和の革命家」が、吉田松陰、福沢諭吉、岡倉天心という幕末から明治の思想家の次に並ぶなんておかしいじゃないか、と思われる方も多いかもしれません。しかし、私は北一輝という人の思想は明治末期に完成していたと考えています。

二十三歳で発表した『国体論及び純正社会主義』は明治三十九年（一九〇六）の刊行で

す。思想家・北一輝は、間違いなく明治という時代に形成されたものであり、明治の思想家として捉えたほうがわかりやすい。そのようにかなり思っております。

戦前、戦後、様々な局面で北一輝という人物はブームにもなり、漫画や映画でも描かれています。橋川文三、松本清張、渡辺京二、松本健一と錚々《そうそう》たる論者が北一輝の思想と人生を論じているのですが、北一輝という人は非常に多面性を持っていて、光の当て方でまったく違う像がみえてきます。非常に極端な国家主義者で、戦争をしなくては世の中ダメなんだという戦争礼賛主義の〝危険思想家〟だという一面。逆に、近代的な社会主義者であったという一面。中国に渡って革命運動に従事したこともあれば、財閥を脅して資金をカンパさせる、いわゆる政治ゴロ的な貌《かお》も持っている。なかなか一筋縄ではまいりません。

そんな北一輝を読み解く上でもっとも大切なポイントは何か。私は「進化論」だと考えます。生物は自然選択によって進化すると唱えたダーウィンのあの「進化論」です。実は進化論は、単に生物学の理論にとどまらず、十九世紀後半、世界に大きなインパクトを及ぼした「思想」でした。日本にも明治時代に輸入され、広範な影響を与えます。北一輝の理論の根幹にも、この「進化論」がある。その意味で、私は北一輝を明治の思想家として位置づけたいのです。

## 実家の没落、右目を失明

では、まずいつものように生涯をざっと眺めてみましょう。

明治十六年（一八八三）に新潟の佐渡島で生まれます。前章で取り上げた岡倉天心よりも二十歳年下で、明治が終わる時はまだ二十代でした。本名は北輝次、のちに父が死んで家督を相続するときに改名して輝次郎。この名前だと二男かと思いますが長男です。北家は大変な資産家で、佐渡で海産物問屋や造り酒屋など手広く商売をやって成功していましたが、一輝が旧制中学のときに家業が傾いてしまいます。

北少年は小学生の頃から神童とうたわれましたが、目を患《わずら》っていて、休学、入院を繰り返すことになります。旧制佐渡中学では飛び級するほど優秀だったのに、目の病に父の事業の失敗が重なり、退学を余儀なくされました。

結局、十七歳の年、明治三十三年（一九〇〇）に右目は失明してしまいます。この年は北一輝にとって人生の転機でした。退学、失明、そして失恋です。

明治三十四年、与謝野鉄幹・晶子の『明星』に、「越後　北輝次」として投稿した短歌が掲載されています。

みえずみ江ずなる人かげをみおくりて　逢はれん思あはれぬ思

思いを寄せていた女性が佐渡にいたわけですけれども、その満たされない恋情を切々と歌っています。北にとっては初めて中央の媒体に載った作品でした。

この明治三十四年に上京、社会主義に興味を持つようになります。同じ頃から地元の佐渡新聞に論考が載り、若手評論家としてデビューしています。初めて投稿した作品は「国民対皇室の歴史的観察」で、北の皇室論の原型として興味深いものですが、のちに改めて述べることにし、短歌の次には「佐渡中学生諸君に与う」という詩のような、檄文のような文章を紹介してみます。

〈ああ友よ。／名を求むるか、脆《も》ろし。／理想こそ永久なる／ソーシアリズムあり。／恋か、小さし。／意気のみぞ不滅なる／デモクラシーに来たれ。／（略）／裸形六尺の骸、

／血滑らかに、ギロチンの刃にこそ。／（略）／光栄なるかな。／革命の炬火汝が手執るべき。〉

ソーシアリズム（社会主義）、デモクラシー、ギロチン、革命といったワードをちりばめながら明治国家体制を呪うような調子で、革命の夢を焚き付けている。早くからかなり過激な思想傾向を持っていたことがわかります。

さて、東京に出た北は何をしていたか。猛勉強です。北一輝の弟が北昤吉《れいきち》で、後に早稲田大学の哲学の先生になり、代議士となって、戦後は自由党の政調会長まで務めますが、この弟の学ぶ早稲田に、聴講生のようなかたちで潜り込みます。いろんな学者の講義を聴き、著作を読みこんで影響を受けるなかには、穂《ほ》積《づみ》八《や》束《つか》や有賀長雄といった当時を代表する法学者たちも含まれていました。北の国体論の少なからぬ部分は、彼らの国家論、天皇論を学び、批判することで形成されていきます。また上野図書館に通いつめ、膨大な抜き書きをつくります。このあたり、大英図書館に通ったマルクスを連想させます。典型的な独学者だったといえるでしょう。

## 革命家として活動

そして日露戦争の終わった翌年、明治三十九年（一九〇六）に発表したのが『国体論及び純正社会主義』でした。自費出版で五百部刷ったのですが、すぐに発禁処分になります。対抗措置として『純正社会主義の哲学』『純正社会主義の経済学』と分冊にしてもう一度出版しますが、まず『経済学』のほうが発禁処分に。

もはや日本では活動できないと考えた北は、宮崎滔天《とうてん》らと知り合い、中国革命運動にのめりこんでいきます。時はまさに辛亥《しんがい》革命の前夜。中国では清を倒し民主的な国家を建設しようという動きが活発になっていた頃でした。

国内では明治四十三年（一九一〇）の大逆事件で、社会主義者が厳しく処分され、北も勾引《こういん》されます。これで『哲学』のほうも発禁になり、すっかり目をつけられていて、いよいよ日本にいても立ちまわりようがない。北は中国へ渡り、内田良平が主宰する黒龍会からの特派員のような立場で、大陸での活動を開始します。

ちなみに黒龍会の名前の由来となったのは、もちろん黒龍江（アムール川）です。中国（満洲）とロシアの間を流れる大河のごとく、ロシアを強く意識して、その侵略を食い止めることを目指す国家主義者の団体でした。ロシアと戦うためには、日本が朝鮮・満洲のエリアをしっかり固めなくてはならないということで、アジアの連帯を強調、のちには大アジア主義を唱えるようになります。北ものちのちまでロシアを敵視・不安視する点ではまぎれもなく黒龍会的メンタリティを有していました。

中国に派遣された北は、有力革命家の一人、宋教仁《そうきょうじん》と親しくなりますが、一九一三年に宋は上海で暗殺されてしまいます。北はこの時、彼の亡霊を見たといいます。

日本に帰国した北は、一九一六年、名前を一輝と称して、法華経の読経三昧の暮らしを続けます。なぜ法華経なのか。これはあとで触れることにしましょう。

北はまた上海に渡り、大正八年（一九一九）に、『国家改造案原理大綱』（のちに『日本改造法案大綱』と改題）を執筆。地下出版としてガリ版で四十七部しか作られませんでした。これを出した猶存社《ゆうぞんしや》は、満川亀太郎、安岡正篤、大川周明らがメンバーの右翼的思想家グループです。大川周明はわざわざ上海に赴いて北に面会し、帰国を要請。『日本改造法案大綱』は猶存社の〝聖典〟にもなりました。一時期のことではありますが。

このあたりから北を理論的指導者と仰ぐ人々が集まってくるようになり、北の周囲では怪しげな事件も起こりました。たとえば大正十年（一九二一）に朝日平吾という若者が、安田財閥の祖である安田善次郎を刺殺する事件が起きます。事件後、北は朝日の遺書とともに血染めの衣を贈られています。暗殺時に朝日が着ていたもので、返り血を浴びていた。それを北のもとに出入りしていた清水行之助という活動家が労働争議中の安田共済生命に持ち込む恐喝まがいのことをした、安田共済生命事件（大正十四年）が起きています。同年、やはり北の周辺にいた活動家が十五銀行の乱脈経営を告発するビラをまいて、頭取に面会を求めるという事件を起こしました。銀行側は北に活動資金として五万円を渡し、事態を収めます。

この時期、北は、陸軍士官学校の学生だった西田税《みつぎ》との交際を始めます。西田は病気により少尉で陸軍を退き、右翼運動に傾倒していきます。西田は大正十五年（一九二六）に宮内省怪文書事件を起こし、北ともども収監されました。このような「政治活動」を展開しつつ、北は西田を通して、陸軍の青年将校たちに直接影響を及ぼすパイプを作っていきました。彼ら青年将校たちが国家改造のプランとして参照していたのが、北の『日本改造法案大綱』だったのです。

そして昭和十二年（一九三七）、二・二六事件に連座するかたちで軍法会議にかけられて処刑されます。北一輝の人生とはやはり波乱に富んでやすらぎのないものでした。

このように北の後半生を見る限り、陸軍を通じた革命運動家としての一面がクローズアップされてきたのは無理のないことです。なんといっても二・二六事件という日本の政治を揺るがした大事に関わっているのですから。

ただ思想的には、北の本質はやはり『国体論及び純正社会主義』に出尽くしていると言ってよい。『日本改造法案大綱』はいわば『国体論及び純正社会主義』の実践編なのです。

## 社会進化論という「思想」

『国体論及び純正社会主義』は大きく五つのパートに分かれています。第一編「社会主義の経済的正義」。第二編「社会主義の倫理的理想」。第三編「生物進化論と社会哲学」。第四編「所謂《いわゆる》国体論の復古的革命主義」。そして第五編「社会主義の啓蒙運動」です。

現在の目から見ると、なぜここに「進化論」が登場するのか、首をひねる人も少なくないと思います。また目次を見ていくと、この第三編には、〈滅亡すべき経過的生物「類神人」〉〈生存競争の劣敗者たる失恋者〉〈人類は排泄《はいせつ》作用を去るを得べし〉〈人類は魚類のごとき受精の方法に至るあたわざるか〉といった、かなり不思議な見出しが並んでいる。

実は明治においては、進化論は当時の最先端の科学思想でした。しかも、生物学だけではなく、人間の歴史や社会、国家のあり方まで説明できるグランド・セオリーとして受容されたのです。

イギリスの自然科学者チャールズ・ダーウィンが『種の起源』を著したのが一八五九年のことです。ダーウィンの理論はあくまで生物に関するものでしたが、これを「適者生存」として社会進化論を展開したのがハーバート・スペンサーでした。スペンサーの主著『社会学原理』（一八七六〜一八九六年）にはこう書かれています。

〈生物界全体で行われている生存競争は、進化の不可欠の手段である。われわれは、同種の個体間の競争において適者生存が最初から高度の型の産出を促進してきたことだけではなく、成長も組織も共に種の間の不断の闘争に主として依存していることを知っている。普遍的な闘争がなかったならば、能動的な力の発展はなかったであろう。／社会有機体(sozialen Organismen)についても同様である。われわれは、社会間の生存競争が社会の進化に役立ってきたことを認めなければならない。種族間と民族間の闘争がなかったならば、小集団の大集団への結集や再結集も、複合的、二重複合的な集団の組織も、文明がもたらした高度の生活に対する援助がそれに伴って増大することもなかったであろう〉

つまり、生存競争があったから、社会は複雑になり、文明も発展していったというわけです。これがさらに進むと、この世界の法則は優勝劣敗である、強い者が勝ち弱い者が負けるのは当たり前だとして、帝国主義や植民地政策を正当化する理論にもなっていく。もっともダーウィンは弱肉強食なんてことは言っていません。あくまでも生き残るのに適した変異は受け継がれ、そうでない変異は失われる、種の違いには優劣はないのだ、と、むしろ優勝劣敗とは正反対の理論だったのですが、世界により強く広まっていったのは、社会進化論という「思想」だったのです。

日本でいちはやく社会進化論を取り入れたのが初代東大総長を務めた加藤弘之です。加藤ははじめ福沢諭吉たちと明六社を結成し、天賦人権説を説いていたのですが、スペンサーの影響を受け、社会進化論に傾いていきます。明治十五年の『人権新説』では社会進化論を援用して民権運動を批判、それまでの著作を絶版にする「転向」を行うのです。

一方、スタンダードな生物学の理論としての進化論は、大森貝塚の発見者でもあるモースが英語による進化論講義を行い、動物学者の石川千代松が日本語訳した『動物進化論』が明治十六年に出版されていますが、こちらはあくまでアカデミックなところでの広がりにとどまっていました。

日本で進化論をひろめたのは、明治三十七年（一九〇四）に刊行された丘浅次郎の『進化論講話』です。これは日本で初めて一般向けに書かれた進化論の教科書で、ヨーロッパにも留学経験のある生物学者である丘は、進化論の紹介者として有名になります。

丘の解説が斬新だったのは、話を生物学に限定しなかったところです。つまり、生物学としての進化論を、人間社会にも応用して論じていった。

その論点をいくつか挙げてみますと、生物というのは、生存しているあいだは競争をしつづけるもので、競争は進歩の唯一の原因である。各種属の栄枯盛衰は異種属間の競争の結果で、これは人間にも当てはまる。人種内の競争はその人種の進歩・改良の原因で、個人間においても、優勝劣敗、栄枯盛衰で競争をしつづけて、一生を終えていくのである、と。人種生存という観点からすると〈脳力・健康ともに優等なものが、いずれの方面にも主として働けるような制度をなるべく完全にして、個人間の競争の結果、人種全体が速《すみ》やかに進歩する方法を取ることが最も必要である〉と優生学的な議論にまでいきついてしまいます。

そして、人と社会の延長線上に国家を置いてこのように論じます。敵国・外患があってこそ国はまとまっている。競争は永遠に続く。この競争、優秀なものだけが残る競争の最たるものが戦争である――。まさに戦争進化論のようなことを言い始めたりもする。

さらにいうと、丘の議論のなかにはいくつもユニークなものがあって、たとえば恐竜の絶滅を例に挙げて、恐竜はあれだけ図体の大きい生物であり、だからこそ最強の生物として世界を制覇したが、同時に生命を維持するための食糧確保が大変で、ともかくたくさん食べなければならないため、資源の枯渇に伴って滅びてしまったのだとして、頂点に立った種がその発展の原因によって滅びていくという説を唱えたりもしています。また、人間の発展要素とは言語と器械にあり、人間の脳と手が外化して器械化されていくが、こうした知識と技術の発展こそが人間を滅ぼす原因になりうるという未来像を描いてもいる。これは今でも通じるメッセージのようにも思えます。

北一輝は『国体論及び純正社会主義』のなかで、この丘の進化論を取りあげて批判もしているのですが、逆に言えば、丘の本をよく読んで、よりどころとし、自説に取り入れているのです。

こうした社会進化論的な考え方が、当時の日本でブームとなったのも、やはり日本に近代社会という苛烈な生存競争が出現したからでしょう。そして国家としても、国際社会の中で厳しい競争にさらされているという危機意識があった。それが、日本はどうしたら進化できるのか、という関心に収斂《しゅうれん》していったと考えられます。その意味では、明治の進化論ブームは、吉田松陰が唱えた教育論、日本が生き残るためには教育による国民の進歩が不可欠だという問題意識の延長線上にあったといえるかもしれません。

日本が世界で生き残るためには、他を全滅させるくらいの覚悟がなくてはならない。このように社会進化論の考え方には、共生というヴィジョンがありません。ずっと後の話になりますが、こうした弱肉強食的な進化論に反対して論陣を張ったのが生態学者の今西錦《きん》司《じ》です。京都の奥の渓谷を調査した今西は、弱いカゲロウの幼虫が流れの速さに応じて、何種類も棲息していることを発見します。端っこで隠れて棲んでいれば、競争しなくても生きていける、という棲み分け理論こそ、西田幾多郎から連なる京都学派が導き出した優勝劣敗的世界観へのアンチテーゼでした。後の章で論じますが、この「弱者でも生きていける」というテーゼこそ、西田哲学の核心部分なのです。

## オカルトか科学か

北がその思想を形成した明治という時代の精神を理解するために、もう少し寄り道をします。

明治後期は、いまでいうオカルトブームの時代でもありました。そのブームの牽引者のひとりで、多くのベストセラーを出した人物に竹内楠三《なんぞう》という人がいます。もともとは日本で初期のキリスト教布教活動に取り組んでいたのですが、三位一体を否定し神の唯一性を強調するユニテリアンになって、世界を統一するような宗教原理を探っていくうちに、いつの間にか超能力に関心が向き、超能力という現象から人間の進化の実例を考察しようとしたり、催眠術を研究したりした明治オカルト界の重要人物です。

その竹内が明治三十六年（一九〇三）に出版したのが『近世天眼通実験研究』という本です。『国体論及び純正社会主義』の三年前になります。外国の文献から「千里眼（天眼通）」の実験研究を集め、これを翻訳して紹介したものです。千里眼とは、いまでいう透視術、テレパシーですが、――欧米では最近、千里眼というものが注目されている。現在の科学ではこうした人間の能力を解明することはできないが、超能力や妖術、超自然的な現象というものはやがて、科学的に明らかにされていくだろう。そこで今現在の実験と実例を集めて紹介する――という内容です。

ここで重要なのは、千里眼はけして非科学的なオカルトではなく、これまでの科学では説明できない、もっと進んだ先端科学、いわば超科学かもしれない、と考えられていたことです。

これは明治四十年代に入ってからのことですが、東京帝国大学の福来友吉《ふくらいともきち》という助教授は、千里眼を真剣に研究し、千里眼少女は本当にいると主張して、学界に大論争をまき起こしました。福来は千里眼を実証できず、大学を去りますが、人間が進化して、これまでの人類に備わっていなかった超能力がどんどん出現している、それが科学で実証される時代になってきていると考えられていたのです。こういう熱気のある時代に、北一輝は『国体論及び純正社会主義』の執筆を進めていました。

あるいは大正・昭和に入ってからになりますが、三井甲之《こうし》という著名な右翼活動家の活動もここで思い出されます。マルクス主義やリベラル派の学者たちを片っ端から糾弾していった原理日本社の中心人物が三井ですけれども、彼が信奉していたのが「手のひら療治」でした。手をかざすと、身体から出る、今日の科学ではまだ解明されていない生命エネルギーの波動によって病気が治るといった説で、三井は明治天皇の御製《ぎょせい》を読む「敷島《しきしま》の道」と手をかざす「手末《たなすえ》の道」が重要であると説きました。御製を声に出して読み、手から出る波動エネルギーを受けることで、みんなが健康になり、日本は素晴らしい国になるという運動を行っていたのです。詳しい説明は省きますが、この「手末の道」はアインシュタインの相対性理論に影響を受けた「未来の技法」だというのが、三井の主張でした。

ナチスドイツがさまざまな超科学に関心を示したことはしばしば語られますが、超能力的なものを最先端の科学で説明するという手法が、政治思想や社会思想から健康法にまで、広く応用され、それこそが時代の尖端《せんたん》だと信じられていた歴史があるのです。

もうひとつ、世紀の転換期に世界的に流行したのが「超人」思想です。その源のひとつがフリードリッヒ・ニーチェ。彼が「神は死んだ」と言ったように、近代思想は、神や仏はこの人間の世界に何のサポートもしてくれない、というところから出発しています。そうなると残されるのは人間だけ。神の助けを得られない凡庸な人間だけで世の中うまくいくはずがない、とあきらめるのがニヒリズム、虚無主義です。それを克服しようとすれば、人を超えた「超人」になるほかない。人が進化して、自ら神の領域に達するしかない。これが『ツァラトゥストラはかく語りき』などでニーチェが説いた「超人」の思想でしょう。それは曲折に富んだ厄介な思想なのですが、かなり俗流化・単純化して受容されてゆき、超能力やオカルトとさえ結びついていくのです。というか、何が科学で何がオカルトか、なかなか区別がついていなかったのです。二十一世紀になってもそんなものですが。

閑話休題。とにかく進化論、超科学、超人思想は、十九世紀と二十世紀の境い目、日本でいえば明治後期を特徴づける思想的トレンドでした。その中で誕生したのが北一輝の

『国体論及び純正社会主義』だったのです。

## 社会主義と進化論

では、北一輝は『国体論及び純正社会主義』で、どのような進化論を展開しているのでしょうか。

まず北は社会主義と進化論を結びつけます。

北の唱える「純正社会主義」は、マルクスやエンゲルスが考えているような社会主義をイメージしていません。まず人間は、自分が生き残っていくために他人を支配しようとするケダモノ的精神から出発している、と北は説きます。そこから進化して、さらには神の領域に飛躍していくためには、人間の共同性、社会性を高めるしかないと考えます。共同性、社会性が高まるということは私利私欲を追求しないということ。つまり無私の精神へと進化することが人間として正しい方向であるというのです。

この意味で、北は明治維新も進化の成果として位置づけます。〈維新革命は大化の王政に復古したるものにあらず、大化の革命において理想たりし儒教の「公民国家」が一千三百年の長き進化の後においてようやくに実現せられたるものなり〉。

この「公民国家」とは、「五箇条の誓文」に掲げられた〈広く会議を興し万機公論に決すべし〉に基づく民主的な国民国家だと北は論じます。

ところが、私利私欲を追求して、明治維新の理想を歪め、進化を妨げている人々がいる。そのケダモノたちとはすなわち資本家である。このケダモノたちを排除することでようやく、国民は天皇のそばで無私の心を持った、精神的に進化した状態になれるのだ、と北の議論は進みます。

この資本家排除という点で北は、安田財閥の安田善次郎を暗殺した朝日平吾とも重なり合います。手段は異なりますが、資本家たちを恐怖させ、その発言力を奪うという点で、朝日と北周辺の国家主義者たちのやっていることは同じだったといえるでしょう。

では、日本の中で人間として清く正しく進化していく可能性を帯びた人々は誰か。天皇の軍隊である皇軍である、命を懸けて国を守るという使命を帯び、天皇崇拝によって私利私欲を殺し、無我の精神を形成している軍人兵士。彼らの構成する軍隊が現代日本で最も人間進化の可能性に富んでいる。それも海軍よりも陸軍だ。北の理屈では、陸軍が何万人単位の師団で動くのに対して、海軍は戦艦でも何百人、多くても二千人単位でしかないから、個人主義者が多い。だから日本全体を思いやる気持ちは海軍より陸軍の方が大きいというのです。実際に陸軍の青年将校たちが二・二六事件を起こした動機のひとつには、東北の農民たちが飢饉《ききん》に苦しんでいるのに、資本家や政治家は何もしないという根強い不信がありました。陸軍のなかには、農村出身で、家族が貧困にあえいでいる兵士たちが少なくありません。青年将校たちは彼らの苦難を身近で感じていました。

北が西田税を通じて、陸軍の青年将校たちに純正社会主義革命の実践編ともいうべき『日本改造法案大綱』を配ったのは、偶然ではありません。彼らこそ北の考える日本人の進化を担う存在だったからです。

さらに北は純正社会主義実現のためには、天皇自身も財産を放棄すべきであると提言します。社会進化というのは一人ひとりが助け合いに目覚めて、社会的存在としての自分に目覚めていくものである。私有財産を持っていることに罪悪感を持ち、お互いがお互いのものをやりとりするようになる相互扶助的な状態が社会進化の究極であるというのが、北の考える純正社会主義でした。だから、天皇もまた私有財産を持ってはならない。

これは福沢諭吉が『帝室論』で述べていたことと正反対です。福沢は政治から天皇が独立するために皇室財産を持つべきだと主張しました。

北一輝は逆に、天皇の無私を理想とします。そして国民がその精神を模倣することを期待する。こうすれば優生学的な交配を経ずとも、国民が天皇と同じレベルの精神性を持つようになる。国民全体が同じ精神性を持つようになれば民族一体となり、お互いがお互いの犠牲となって、日本は国家間の進化論的な生き残り競争にも勝ち抜いていける。これが北一輝の国家改造のプランなのです。

## 皇太子に法華経を献上した理由

このように、北は独特の天皇観を持っていました。それがはっきりとあらわれているのが、彼の国体論です。北の「国体論」とは、いわゆる一般的な国体論の全否定でした。一般的な国体論とは、天皇は万世一系で代々、日本を統治しており、国民はそれを支え続けてきた、日本は天皇を親とし国民を子とする家族国家なのだ、というロジックです。これを北は有名な「土人の土偶」という表現で一蹴します。

そもそも日本の歴史は天皇の赤子《せきし》どころか、そこから政治権力を剥奪する〈乱臣賊子〉の歴史ではないか、そう北は喝破します。これは北がまだ二十歳のとき、佐渡新聞に最初に投稿した「国民対皇室の歴史的観察」の主張でもありました。

では、天皇の力とはどこからよってきたるのか。北は、明治天皇という個人のカリスマに、すべてを帰そうとします。明治天皇は幕府を倒し、自ら各地を巡幸して国民の前に立ち、国民の気持ちを一つにまとめ、日清・日露の戦争も勝ち抜いた、世界でもまれに見る圧倒的な英雄的君主であると評価し、日本で最高度に進化した人間として礼賛するのです。ヘーゲルは世界精神とは英雄個人によって開展すると説きましたが、北にとっての明治天皇は日本人の進化の尖端であり、日本国家を世界のトップに立たせるための英雄であり、皇軍の軍人はそのような偉大な天皇に身近に接してこそ進化してゆけるとの理屈も、そこから導かれるのです。だからこそ、国家改造の主体も労働者ではなく皇軍でなければならない。

北の奉ずる天皇は英雄であり、天才であり、完全な自由を体現する神の如き個人です。それは明治天皇という人間個人の能力によって、表現され、担保される。北には天皇が神話時代から一つの血脈を保っているから尊いといった万世一系を重視する考え方も、天皇は統治機構をシステマティックに機能させるための、一種の機械であるという天皇機関説的な考え方も、どうでもいいことです。北の考える天皇とはあくまで一個のカリスマである。

そういう思想を北は明治天皇と共に生きていた明治時代にこそはぐくみました。ところが大正になるとどうもいけない。大正天皇はどうもカリスマではない。そういうところから遠い。そこで次の天皇に期待をかけます。

それを端的にあらわすのが、大正九年（一九二〇）、法華経三昧の暮らしを送っていた北が、のちに昭和天皇となる皇太子に自筆の法華経を献上した、というエピソードです。

北は二・二六事件に連座したとき、憲兵隊本部で取り調べを受けるのですが、そこで〈私は霊感によって、当時の東宮殿下に法華経を献上すべく、それだけ持ちまして、大正九年一月始めに〔上海から〕東京に着いて猶存社に入りました。／法華経は〔海軍出身で東宮御学問所幹事を務めていた〕小笠原長生《ながなり》氏の手を通じて非公式ながら、殿下に献上が叶いました。爾後《じご》、同小笠原氏から承りますと、恐れ多くも最も御手近くに置かれて居られるとのことであります〉と陳述しています。

なぜ法華経なのか？　法華経と言えば日蓮です。自力本願です。自ら努力してこそ、この世が素晴らしくなるという教えです。北の法華経三昧の暮らしとは、自力本願を達成するための行であり、いってみれば自らの進化を促進するための重要な行為だったのです。皇太子に北の筆跡による法華経を献上することは、北の見守りのもとで、のちの昭和天皇が人格的かつ人間的に成功し、日本の社会進化を促進する英雄的君主へと高まって行けることに繋がっていた。これぞ究極の国家改造運動だったのではないでしょうか。二・二六事件よりも、法華経献上の方が革命的である。そういう視点を持たないと、北のことは分からないと思います。

## セックスも排泄もしなくなる⁉

最後に北の進化論のなかでも、最もラディカルな部分を紹介したいと思います。それは「人が神になる」というヴィジョンです。

北の進化論は、これまでに見てきたさまざまな社会進化論のなかでも、独特で非常に強烈なものでした。たとえば北は恋愛や結婚を「雌雄競争」と表現します。失恋者はこの競争の敗北者であり、子孫を残せない。そして、この競争に生き残るために、生物は美しくなると論じます。ここまでは、まだ丘浅次郎でも言いそうなことです。

北は、さらに飛躍して人間は究極の進化で神になると唱えました。いまの人類は神に至る途中の存在だから、類人猿ならぬ「類神人」であり、やがて淘汰される存在だというのです。では人が神になるとどうなるか。彼は人間からなくなるものが二つあると書いています。一つはセックスで、もう一つは排泄。つまり人間というものは純粋に精神的なものにまで進化すると、肉体は持っていても増殖するためのセックスも排泄も必要としなくなる。骨の一部とか肉の一部からクローン人間みたいなものが生じるようになる。かなり特殊な発想なのですが、ともかくこういうことが平気で書かれているのが『国体論及び純正社会主義』という書物なのです。

排泄しない、セックスしない、無私になる。そういう人間になることが最高の到達点である。こんなことを考えていた北一輝を、明治時代の一時期だから存在しえた、奇抜な思想家だったと片づけることもできなくはありますまい。

しかし、北の考えていた人間の進化の最終形態は、人間の精神や知能を究極化して人間を代替しようとする、神のような未来の人工知能の完成型と感じられないでしょうか。北一輝はやはりとても明治後半的であると同時に、きわめて超時代的でもある思想家なのでしょう。その壮大なヴィジョンは、なおも未来の思想として魅力を失っていない部分があるように思われます。

# 美濃部達吉　大正デモクラシーとしての天皇機関説

美濃部達吉と聞いて、いの一番に思いつくのは「天皇機関説事件」でしょう。昭和十年（一九三五）、国体明徴《めいちょう》運動の嵐のなか、排撃の対象となり、著書は発禁処分、美濃部自身も不敬罪の容疑をかけられました。日本が大きく右旋回し、ファナティックな天皇崇拝、ファシズム的な体制に向かう転換点の大事件とみなされることが多いと思います。

とはいえ、美濃部の天皇崇拝もかなりのものだったでしょう。ただ、彼はあくまで立憲主義的近代人だったのです。天皇は憲法のもとに置かれた国家の機関である。憲法があるからには天皇もそう位置付けるのが当然である。このひとつの当たり前がひっかかる時代になった。それが「天皇機関説事件」というものです。天皇より憲法が偉いとは何事か、天皇が機関とは部品のようで不敬ではないか。そう非難されたのですが、そもそも天皇機関説は、天皇は国の最高機関である、と規定しています。美濃部の表現でいえば〈国家の尊厳が天皇の御一身により表現せられ、国民は何人もその尊厳を冒瀆《ぼうとく》すべからざる義務を負うのである〉(『日本国憲法原論』)ということになる。また戦後、新憲法の制定に際しても、美濃部は正統性に疑問があるとして肯《うべな》いませんでした。美濃部はやはり相当な天皇主義者だったのです。とはいえ、その天皇主義はきわめて「大正風」ではありました。

では、美濃部の「天皇機関説」とは一体どんな理論だったのでしょうか。そこにはどんな思想がこめられていたのでしょうか。

日露戦争に勝利した日本は、外圧に晒《さら》され続けた幕末・維新期の緊張の時代をいったん終えます。少し余裕のある時代に入り、国家本位ではなくて個人の自由、ひいては文化主義、教養主義のムードが広まります。文学でいえば、明治四十二年(一九〇九)に書かれた夏目漱石の『それから』に代表される高等遊民の個人主義は、まさに大正期の思潮を先取りするものでした。大正に入ると、人道主義、理想主義を掲げる白樺派も出てきます。

こういう時代の考え方によく適合する思想を発信し続けたのが美濃部達吉でした。政党内閣制と普通選挙を掲げた吉野作造の民本主義と並び、法学者として明治憲法を精密に読解したうえで議会主義を盛り込んだ美濃部の天皇機関説は、まさに「大正デモクラシー」の申し子だったのです。

## 帝大憲法講座を担当

それではまず、美濃部の人生をざっと振り返ってみましょう。

明治六年（一八七三）に兵庫県、今の高砂《たかさご》市に生まれます。前章で取り上げた北一輝より十歳年上です。東京帝国大学法科大学に進み、一木《いちき》喜《き》徳郎《とくろう》のもとで学びます。この一木は大正期に文部大臣、内務大臣、宮内大臣を歴任した重要人物です。大まかにいって東京帝大の憲法学には二つの流れがありました。一つは明治期から帝大の憲法講座を担当していた穂積八束《やつか》とその弟子・上杉慎吉のライン。こちらは後に詳しく述べますが「天皇主権説」の立場です。そしてもう一つが、一木喜徳郎から美濃部達吉に受け継がれた「天皇機関説」のライン。つまり、国家の「公式見解」が両論併記の状態だったのです。

美濃部は大学卒業後、高等文官試験に合格して内務省の役人となりますが、もともと学究生活に憧れがあったので、学者の道に戻り、欧州に留学。明治三十三年（一九〇〇）、東京帝国大学法科大学の助教授となり、二年後には二十九歳で比較法制史講座の教授に就任しました。

日露戦争後の明治四十一年（一九〇八）には行政法講座の担当となり、大正時代に入って大正九年（一九二〇）、四十七歳で憲法講座を担当します。正確には美濃部は憲法第二講座の担当でした。第一講座の担当は上杉慎吉。上杉との「論争」については、あとで述べましょう。

東大を退官して貴族院議員に任じられ、精力的な著述活動を続けていた美濃部を襲ったのが、冒頭でも述べた昭和九年（一九三四）の天皇機関説事件でした。

ただ、その著書が全て発禁になって美濃部が国家社会から完全に抹殺されたかというと、そういうわけではありません。戦時中も新著を刊行していますし、活動は戦後へと連続してゆきます。いわゆる象牙の塔にたてこもるアカデミシャンではなかったのが美濃部の面白いところで、大正・昭和期の政治状況に対して、一般的な総合雑誌で発言を繰り返す、ジャーナリスティックな面も持っていたのです。

ちなみに東京教育大学の経済学の教授を経て東京都知事を務めた美濃部亮吉は、美濃部達吉の長男です。商工省、企画院の官僚で、革新官僚として戦時中に国家総動員体制づくりに大きな役目を果たした美濃部洋次は、達吉の甥です。そのほかにも親戚、縁戚には学者がずらりと並ぶ華麗なる一族なのです。

## 「主権説」と「機関説」

では、本論である「天皇機関説」についてお話ししていきましょう。

天皇機関説という言葉は、いわば日本近代史の基地知識にあたるものかもしれません。ただそれが何なのかとなると、私などは法学的素養を欠いていたせいもあるけれど、わかった気がいつまでもしない最たるもののひとつでした。天皇機関説に対抗する論が「天皇主権説」だと説かれるのだけれど、どうして主権説が機関説の反対になるのか、とても分かりにくい。

結局、こういうことだと思うのです。天皇機関説とはやはり読んで字のごとくです。天皇は国家の一機関であると。国家というものを機関の集まり、部品の集まりと見立てるのです。たとえば大蔵省とか裁判所とか軍隊とかの様々な部品からできていると考える。そのなかで、天皇もやはり国家の一つの機関である。

ただし、先にも述べたように、天皇は国家の最高機関なのです。それを定義づけるのは、むろん憲法ということになる。明治二十二年（一八八九）に公布された大日本帝国憲法の第一章は「天皇」。その第一条は〈大日本帝国は万世一系の天皇之を統治す〉。はじめに天皇ありき。天皇が日本を統治する、と最初に規定しているわけです。

では、天皇と憲法の関係はどうなるのか。

第四条〈天皇は国の元首にして統治権を総攬し此《こ》の憲法の条規に依《よ》り之を行う〉

つまり天皇は憲法の解釈で許される範囲のもとで国を統治することができる。逆に言えば、天皇といえども、その能力は憲法によって制限されている。それ以上でもそれ以下でもない存在と天皇を捉えて明確に規定するのが「天皇機関説」です。

これに対して「天皇主権説」はどんなことを言っているのか。言葉だけとると、天皇機関説と天皇主権説とは、別に矛盾するようにも思われません。主権にはいろいろな定義がありうるかと思いますが、ひとつの有力な考え方としては、一般的には憲法制定権力が主権であると考えられています。ですから憲法が国民とか人民の名において定められたら国民主権、人民主権です。明治憲法は、実際は明治天皇が作ったわけではなく、伊藤博文の主導のもと、井上毅や伊東巳代治《みよじ》らが起草したものですが、明治天皇によって定められたという形式を取りました。君主によって公布された欽定憲法だから、憲法制定権力を持つのは天皇。だから主権は天皇にある。

実は天皇機関説もこの考え方をとっています。そこに注目すると、天皇機関説と天皇主権説に相矛盾するものなどないようにも思えてしまうでしょう。

ではどこに対立点があったのか。天皇の名において憲法が定められた後の、天皇と憲法との関係の問題なのです。先に述べたように、機関説は、天皇は憲法に縛られる存在と規定する。ところが穂積や上杉の天皇主権説はそうではない。天皇を縛るものなどあってはならない。憲法が最高法規ではあるが、憲法を超えた存在として天皇はいるのだと。天皇が憲法に完全に縛られるか、縛られないか。天皇の権能が憲法を超えるのか、そうでないか。そういうところでの対立なのです。

そもそも明治国家は、近代国家として成立するために二十年以上かけて憲法を準備します。そのなかで、天皇をどう位置付けるかについても議論を重ねてきました。そのときモデルとしたのがドイツ帝国でした。

実はドイツ帝国が成立したのは一八七一年。明治維新よりも三年後のことです。それまで分裂状態だったドイツを、プロイセンが中心となって統一国家に整備し、ロシアやフランスに対抗できる国にしようとした。そのために効率よく国の近代化を図る目的で考えられたのが、皇帝への権力の集中です。ドイツ帝国の憲法は地方分権状態から中央集権国家にするなかで作られました。その憲法を支え、うまく動かすためのドイツ流の公法学＝憲法学が日本に輸入されます。

こうしたドイツ法思想を「フリーハンドで超越的な皇帝を置くことで、中央集権的な強い国家を作ることができる」という方向で解釈しようとし、日本の伝統にもたちかえって、西洋近代の法思想で天皇を考えることにそもそも無理があるとまで主張したのが穂積八束であり、その流れを継いだのが上杉慎吉でした。遅れて近代化を目指すドイツ帝国と大日本帝国は同じ境遇にある。西洋列強にやられないためには、まず天皇中心で国をまとめるのが効率的だ。そして天皇に全てを捧げることができる血族集団としての日本人を作らなければならない。穂積八束は血統ということを重視する論者なのですが、まさに天皇を父、国民を子とした家族国家観によって天皇主権を定義していきます。父が憲法にどこまでも縛られるなんておかしい。憲法を超越している何かを認めないと皇国日本の独自性は保てない。

これに対して一木喜徳郎や美濃部達吉は、国家において力を持つべきは「議会」であると主張します。彼らはドイツの法学者ゲオルグ・イェリネクの影響を大きく受けました。イェリネクはドイツ本来の地方分権、いろんな地域の王様や貴族が集まって行う議会政治こそが国家のあり方であると説きます。そして絶対主義的な君主制に異議を唱え、憲法は皇帝の権力を制限するためにあるのだと解釈したのです。

ちなみに主権説の上杉慎吉は、ドイツでイェリネクに直接教わっていました。その上杉の法思想の根本にあるのは、言葉にしなくても我々が共通感覚として持っている秩序を重んじる「自然法」的な発想です。ですから、天皇については、明治憲法をどう解釈するかという以前に、日本人ならば記紀神話から始まる日本の歴史に即して感覚的につかんでいる天皇理解こそが、国体の姿であるとします。だから憲法以前に日本には万世一系の父としての天皇がいる、天皇主権が憲法に先行するのだと考えるわけです。

それに対して、一木、美濃部は、イェリネクから、様々な地域、様々な立場の人々が個人の権利権益を保持しながら、国家を運営していくべきだという考え方を取り入れました。同じイェリネクから影響を受けながら、受けたところが違うのです。

そして彼らがこうしたモデルを達成するのに最適なシステムだと考えたのは当然、政党政治であり、政党内閣であり、幅広い国民が参加する選挙による民主主義でした。特に美濃部に議会主義への傾きが大きいのは、彼がドイツのみでなく、イギリス、フランスでも学んだからでしょう。

美濃部が繰り返し使った言葉に「君民共治」があります。天皇が君、国民が民。両者がともに政治をするとなると、天皇の意思も大事であり、天皇が君なら憲法に必ずしも縛られず、いざというときには超法規的にも振る舞えるぞ、というくらいのこともあってよい。そんな君民共治もあるでしょう。だから天皇主権説論者も君民共治という言葉を使います。しかし美濃部の君民共治は断じてそうではない。美濃部は日本の歴史を顧みてこう主張するのです。わが国の伝統は天皇不親政、つまり政治の実際は上皇や摂関家や武家にまかせ、「君臨すれども統治せず」だったのではないか。不親政だから、天皇の意思は誰かが代行して作る。天皇は頷《うなず》き役になる。それがわが国の君民共治のありようであり、その立場から大日本帝国の政体をみれば、天皇という意思なき機関に意思を注入する、言わば意思ある機関は帝国議会に決まっている。特に広く国民の選挙で議員の選ばれる衆議院が重い。一方の貴族院も、議員選出の方法として華族間で選挙を行なっている。華族も国民だ。国民の選挙による議員が両院を構成しているのだから、帝国議会は立派にデモクラティックである。これが美濃部流の天皇機関説です。機関説といっても、意思ある天皇機関も、意思なき天皇機関も想定しうるわけですが、美濃部はあくまで意思なき機関説なのです。議会あっての君民共治。美濃部流の天皇機関説は、具体的には天皇主権説と、議会か官僚か、立法府か行政府かという対立のかたちをとることにもなります。明治国家体制の高級官僚は勅任官です。高級官僚でなくても「天皇の僕《しもべ》」の意識に貫かれています。主権者の天皇が選んだ官僚の方が、主権者でない臣民の選んだ国会の議員よりも偉い。主権説から来たる当然の結論でしょう。機関説と主権説の溝はかくも深いのです。

## 論拠は「五箇条の誓文」

さて、主権者は天皇という前提に立ちながら、機関説論者、ことに美濃部がここまで民主主義を前面に押し出せたのはどうしてか。天皇不親政の伝統だけでは弱いかもしれません。もっと時代的に近くて確固とした、証拠となり依拠できる、床柱のようなものがあったのです。明治国家の基本理念として打ち出された「五箇条の誓文」がそれです。

「五箇条の誓文」は慶応四年（一八六八）三月、越前の由利《ゆり》公正《きみまさ》、土佐の福岡孝弟《たかちか》が起草して、長州の木戸孝允《たかよし》が修正を加えたもので、以下のシンプルな条文となっています。

一、広く会議を興し、万機公論に決すべし
一、上下心を一にして、盛んに経綸を行うべし
一、官武一途庶民に至るまで、おのおのその志を遂げ、人心をして倦《う》まざらしめん事を要す
一、旧来の陋習《ろうしゅう》を破り、天地の公道に基づくべし
一、智識を世界に求め、大いに皇基を振起すべし

この「五箇条の誓文」のどこかしらをよりどころとした法学者は、美濃部に限らず、大勢おりまして、その中には元祖・天皇機関説論者ともいうべき有賀長雄も含まれます。有賀は明治憲法が出来上がってすぐの段階で、そこでの天皇の位置付けをこう解釈しております。〈天皇は国の元首なり、国家を統治するの機関なり〉（「穂積八束君帝国憲法の法理を誤る」）。有賀は一木喜徳郎よりも七歳上になります。最初期の機関説論者でしょう。

有賀はあちこちの学校で法学を教え、明治三十四年（一九〇一）には、自分の講義をまとめて、『国法学』という教科書を刊行します。そこには、明治維新によって日本は「公民国家」、〈公民国家の目的は各一個人の発達にあることを証明したり、国内各一個人の発

達はすなわち国民の発達なり〉、国民一人一人の自己実現を図る公民国家を作るために明治維新を始める——天皇の名においてそう天地神明に誓ったものが「五箇条の誓文」であると説くのです。

　日本人の上から下まで、みんな力を出し合って志を遂げよう。議論し、経済を回し、世界の知識を輸入し、国民全体の力をもって日本という公共団体を運営していこう。そして各人の自己実現、志の達成のためのサポートをするのが公共団体としての国家、すなわち有賀が言うところの「公民国家」なのだというわけです。そして有賀は〈あまねく各個臣民をして国家によりその発達を計るの機会を得せしむるはこれ祖宗の遺志に報したまう所以なり〉、つまり「天皇こそが、各人の自己実現をサポートするべきだ」と論を展開します。明治維新をとても民主主義的に解釈している。当時においては非常にラディカルな解釈です。むしろ大正期に美濃部達吉が展開する思想よりも進んでいたと言ってもよいかもしれません。

　先に、北一輝のところで、彼がやはり「五箇条の誓文」を論拠として、「公民国家を説いていたのを確認しましたが、それもそのはず、北が早稲田で学んだ先生が有賀だったのです。北は有賀の公民国家論に依拠しながら、一方では、著書で有賀を厳しく批判していますが、それは天皇観のちがいによるものでした。超人的に国民を引っ張る君主として天皇を捉えたい北に対して、有賀はあくまで国民のサポーター的存在として天皇を解釈するのです。

## 「翼賛」の解釈をめぐって

この有賀の思潮も受けるかたちで、帝国憲法を丹念に読み解いた美濃部は大正十二年（一九二三）に『憲法撮要』を著します。後に天皇機関説事件を起こし、発禁処分となる本です。美濃部もまた「五箇条の誓文」に、「君臨すれども統治せず」という天皇のありかたを求めます。その根拠となるのは、やはり〈万機公論に決すべし〉。ここで天皇は議会に政治を託すことを宣言していると論じるのです。

美濃部は〈議会制度の本質はただ議会が国民代表の機関なることを認むるによりてのみ正当にこれを理解することを得べし〉と述べます。天皇主権説の人々にとっては受け入れがたい「国民が直接国政に力を持つ」ということを言っているわけですが、美濃部は帝国憲法前文にある「翼賛」の解釈から、この結論を導きます。

帝国憲法の前文にはこうあります。〈其《そ》の翼賛に依《よ》り与《とも》に倶《とも》に国家の進運を扶持せんことを望み〉、すなわち臣民の翼賛によって、天皇と共に国家の進展がなされることを望む。美濃部はこの翼賛、翼になって天皇を助け、君民共治で国家を進展させていく主体が臣民にあると解釈します。だから主体的に政治に参加して、国民主権的な形で国家に関わることを、畏《おそ》れ多くも天皇は憲法で述べておられるのだというわけです。

これに対して、穂積八束、上杉慎吉ら主権説論者は、翼賛という言葉を「あくまで天皇の翼になって天皇を賛えるのが臣民であって、政治や国家の主体にはなり得ない」と解釈するでしょう。現在の九条をめぐる議論などまさにそうですが、憲法というものは立場によってこんなにも解釈が違ってくるのかという、その見本といえます。

## 機関説が公式見解に

美濃部の憲法解釈はさらに精度を増していき、昭和二（一九二七）年には『逐条憲法精義』が出されます。たとえば第一条の解釈。〈大日本帝国は万世一系の天皇之を統治す〉とあるけれども、この「統治」とは、日本の伝統的な天皇のあり方としては、どのような状態を指しているのだろうかと考察を進めていきます。

そこで美濃部が言及するのは、『古事記』、『日本書紀』に出てくる「シラス」と「ウシハク」の違いです。「シラス」は「天皇が臣下や人民の気持ちを知り、自らの気持ちも知らせ、お互いの齟齬《そご》がなくなったところで政治行為を行う」という意味合いを持っていた。それに対して、「ウシハク」という言葉がある。強権的に物事を推し進めるという意味でしょうが、これは用例がとても少ない。つまり「シラス」の政治こそが、伝統的な天皇の統治のあり方である――これは有賀以来の天皇機関説論者に共有された解釈でした。

美濃部はさらに踏み込んで、君民一致こそが国体であると論じます。君民共治と意味合いは似ていますが、天皇の意志を充当するために、国民は議会のかたちをとってそれを翼賛する。そう考えたとき、天皇中心の政治というのは、議会中心の政治とイコールと言っても差し支えないのではないか。国民と天皇の間で齟齬がないのであれば、政治のやり方としては、議会中心、議会重視であっても憲法上何の問題もない。つまり、君主政体も共和政体もほとんど変わりがないのではないか。美濃部も相当ラディカルな論を展開します。

そしてこの憲法理論はやはり大正という時代に適合しました。カリスマ的な明治天皇が世を去って、カリスマなき大正天皇の時代が始まる。機関説ならば、たとえカリスマがなくても憲法に基づいたシステムとして、天皇を引き継いでいけばいい。そのほうが、今風にいえばサステイナブルなのです。時代の発展段階から言っても、天皇のありようから言っても、大正は美濃部憲法学を要求する。美濃部の学説は国家の見解と同一視されてゆきます。もちろん台頭する政党政治にとっても、機関説のほうが都合がいい。官僚を選抜する高等文官試験でも、機関説に基づく解答が求められ、美濃部の著作はいわば国のお墨付きの教科書としてエリートたちに読まれるようになる。天皇機関説事件のとき、昭和天皇は、自分は機関説で構わないと明言していますが、若き昭和天皇もまた大正デモクラシーで育った世代だったといえるでしょう。

## デモクラシーの罠

こうして、憲法解釈において勝利を得たはずの機関説が、なぜ否定されてしまったのでしょうか。

実は、天皇機関説は学説としての不備が発見されたとか、主権説に論破されたといった理由で退けられたわけではありませんでした。大正から昭和初期には時代精神そのものであった美濃部憲法学は、世界大恐慌と満洲事変以後の時代精神からは逸れてゆくほかなかったのです。たとえば、機関のために兵隊は死ねるでしょうか。国家社会の手のひら返しが起きるのです。

昭和十年（一九三五）二月、貴族院で国体明徴運動に熱心だった菊池武夫という議員が「緩慢なる謀反」「明らかなる反逆」と攻撃の火ぶたを切ると、自らも貴族院議員だった美濃部は、議会で「一身上の弁明」と呼ばれる演説を余儀なくされます。それでも攻撃は収まらず、衆議院に飛び火し、両院で「政教刷新」「国体明徴」が決議される。内務省は美濃部の三冊の著作の発禁を決めます。思潮は大きく動いたのです。

たとえば、天皇機関説事件の年、昭和十一年に刊行された大串兎代夫《とよお》の『最近に於ける国家学説』を読んでみましょう。帝国憲法第三条〈天皇は神聖にして侵すべからず〉。大串はこの第三条に書いてあることを、何人たりとも天皇の責任領域というものに本来は関われないのだ、と読んでしまう。臣民ができることはあくまで、別次元の下等な部分においての輔弼《ほひつ》であると解釈する。天皇主権説の穂積八束でも上杉慎吉でも、ここまでの解釈はしなかったわけですが、この時代になると結構、こういう解釈が出てきます。文体も〈天祖の御子孫にして臣民の大御《おおみ》親《おや》であらせらるる　天皇の御本質についての規定であって〉とか〈統治権者としての　天皇の御本質を宣明したものと拝察するのであります〉といった調子になる。戦時の文体というものです。

美濃部の思想が後退していく様子が如実に現れているのが、高等文官試験のための参考書でしょう。天皇機関説事件直後に出版された参考書『帝国憲法解説』は、わざわざタイトルの前に〈天皇主体説を中心としたる〉と明記したうえで、序文にはこう書かれています。

〈今や時代の風潮は従来通説と目せられたる天皇機関説に対して仮借《かしやく》なき批判を加えその存立を許さず。その学説は大学より姿を消し、その著書は街頭より駆逐せられんとす。ついに昭和十年十月十五日政府の国体明徴に関する再声明書発せられこの問題の政治的解決をなさんとするに至る。この事件たるや時代の風潮に超然たるべき高文受験界に一大波紋を投じたり〉

こうして高級官僚を目指すエリートたちの勉強の仕方がいっぺんに変わり、国を動かす基幹となる人々の憲法解釈、天皇観は、大正デモクラシー的な場所から遠く離れていくのです。そしてそれから十年後、日本は敗戦を迎えます。

皮肉なことですが、ここには「デモクラシーの罠」とでもいうべき力学が作動したのではないでしょうか。日本で成人男子全員が投票できる普通選挙が実施されたのが昭和三年（一九二八）。緊迫する国際情勢のなか、国防を担い、政治に参加する層は拡大し、発言力も増していきます。

それに対して、美濃部が共感し、力を注いだ大正デモクラシーは、あくまでエリート層、総合雑誌を購入し、都市文化を享受するホワイトカラーを中心としたものでした。大正の終わりには、円本ブームといって一冊一円で販売する全集の出版が盛んになりますが、当時の一円は、大卒の初任給の二パーセントともされています。いまに換算すれば一冊で四千～五千円くらいになってしまいませんか。円本を安いと思って書架に揃えることができた教養層の上に君臨していたのが天皇機関説だったのです。

天皇機関説事件の翌年には、二・二六事件です。このとき、青年将校たちが心を砕いた農民の惨状にまで、大正デモクラシーの目は届いていたでしょうか。その一方では、マルクス主義が学生や労働者たちの心をつかんでいきます。

天皇機関説事件と二・二六事件。美濃部達吉と北一輝という二人の思想家はそこで引導を渡されました。思想の運命です。

# 和辻哲郎　ポスト「坂の上の雲」時代の教養主義

前章では美濃部達吉を通して「大正デモクラシー」とは何だったかを振り返りました。この章では、大正という時代を表すもう一つの大事なキーワードを取り上げてみたい。「大正教養主義」です。

この大正教養主義を代表する思想家に和辻哲郎がおります。二十代で『ニイチェ研究』『ゼエレン・キェルケゴオル』で注目を集め、『日本精神史研究』、『風土』、『人間の学としての倫理学』、『面とペルソナ』、『倫理学』、『鎖国』、『尊皇思想とその伝統』、『仏教倫理思想史』など、最初期から最晩年まで代表作、話題作をコンスタントに書き続けた稀有《けう》な人

です。大正教養主義を牽引した人々には、阿部次郎、安倍能成《よししげ》、小宮豊隆らもおりますが、この人たちは教育者やエッセイストなどに活動を次第にシフトしてしまうので、思想家として生き残ったのは和辻哲郎のみと言っても過言ではありません。

いま名前を挙げた阿部次郎、安倍能成、小宮豊隆、そして和辻に共通するのは、彼らがみな漱石門下生だったことです。後に詳しく触れますが、大正教養主義を論じるうえで、漱石人脈は欠かすことができません。漱石は、広く読まれた小説家であるにとどまらず、知のトレンドの源となった存在だったのです。

大正教養主義の「教養」とは、単に古典の知識が豊富だ、とか、語学が堪能だ、ということではありません。そこで重要なのは「人格」でした。世間で「あの人は人格者だ」というときには、むやみに腹を立てないとか、面倒見がいい、といったことを指しますが、和辻たちの重視する「人格」は、そうした世俗的なものとは違う、独特の意味合いを持っています。それがどんなものだったかを、和辻を通じてみていきたいと思います。

## 和辻を生んだ「風土」

まずは和辻哲郎の人生を簡単に追ってみましょう。

和辻は、明治二十二年（一八八九）、兵庫県は現在の姫路市に、医師の家の二男として生まれます。和辻の『風土』は地理的条件が集団の性格や気質を決定する要素であると論じていますが、本書で取り上げる思想家では、美濃部達吉や柳田國男が、和辻と遠くない、穏やかな瀬戸内海地域の出身です。みんなで話し合うデモクラシーを重んじた美濃部、常民の生活を追求した柳田、ともに温和で交際範囲も広い。気候条件に恵まれていて、平野もあり海の恵みもある、そんなエリアが育んだ思想といえるでしょうか。これに佐渡の荒波で育った北一輝、にぎやか極まる商都で生まれた福沢諭吉、岡倉天心といった戦闘的な人たちを対置させると、もっともらしく思えてしまうのが、風土論の魔力かもしれません。

話を和辻の経歴に戻すと、明治三十九年（一九〇六）に上京して第一高等学校に入学。ここで哲学者となる天野貞祐《ていゆう》や九鬼周造と同級生となります。一高を卒業後、東京帝国大学文科大学哲学科へ。和辻は文学にも興味があり、ここで谷崎潤一郎らと第二次『新思潮』に参加して戯曲を書いたりしています。このあと第三次、第四次の『新思潮』からは芥川龍之介や菊池寛、久米正雄、松岡譲らが輩出しますが、和辻も大学卒業後の大正二年（一九一三）、二十四歳の時に夏目漱石と出会い、漱石山房を訪れるようになります。

卒業論文「ショペンハウェルの厭世主義および解脱論について」を書いた和辻は、前述のようにニーチェ、キルケゴールに関する著作を発表し、注目されます。それと並行して、日本文化史にも興味を持ち始めます。『古寺巡礼』『日本古代文化』はこの時期、三十歳前後の仕事です。

そして大正十四年（一九二五）には、京都帝国大学文学部助教授として、倫理学講座を受け持ちます。その後、ベルリンなどに留学、昭和六年（一九三一）に教授に昇進。さらに三年後、東京帝大教授となり、昭和十二年（一九三七）から戦後の昭和二十四年（一九四九）にかけて、全三巻からなる主著『倫理学』を刊行します。

そして、その後も旺盛な言論活動を続け、昭和三十年（一九五五）には六十六歳で文化勲章を受章。昭和三十五年（一九六〇）に練馬の自宅で家族に看取られながら亡くなります。

## 日露戦争の「戦後世代」

では、あらためて和辻がその知的姿勢を確立していった明治の終わりから大正という時代に注目してみましょう。

和辻が上京して一高に入学する明治三十九年（一九〇六）は、前年に日露戦争が終わり、っていきます。

ここで、和辻が帝大に進んだ際には法科ではなく文科だったことに注目したいと思います。つまり、社会の中で立身出世を目指す実学や、役人になるための法学ではなく、文学や哲学、芸術を学問として学ぶ方向を志望した。この選択は日露戦争後の時代の特徴を如実にあらわしています。日露戦争までは、いかに日本の国を普請してゆくかに没頭するのが国家の大きなモードであった。福沢諭吉だって北一輝だって、どうすれば日本を世界の列強に肩を並べる強い国にできるかを考えていました。

和辻は、日露戦争当時には中学生で、当時の熱狂を体験してはいました。しかし実際にエリートとしての道を歩き始めたときの和辻は、日露戦争の「戦後世代」にあたる「新しい一高生」だったのです。

彼らが共有していたのは、いわばポスト「坂の上の雲」の価値観でした。日露戦争が終わって、もう当分戦争もないのではないかという平和なムード。海外からの脅威を遠ざけ、世界の大国に仲間入りするという、幕末以来の課題を、いちおうは達成できたという安堵と、目的喪失の脱力感。ここでいったん自分を見つめ直す必要があるのではないか。そのための時間的な余裕もありそうだ——若きエリートたちはそんなことを考え始めたのです。他人を蹴落としてでも自分の出世、生き残りを追求するような立身出世主義も、国家のために個人を犠牲にするような集団主義ももう嫌だ。だからといって、自分さえよければ、他はどうでもいいという利己的なむき出しの個人主義にもついていけない。集団主義でも個人主義でもない、別の人間観を探したい。

　こうしたムードがよくあらわれているのが、夏目漱石の小説です。一番わかりやすい例は『それから』でしょう。明治四十二年（一九〇九）に新聞連載されたこの小説の主人公の代助は、まさに大正教養主義の若者そのものです。今日は一日読書だとか、歌舞伎に行こうだとか、新しい食べ物があったら食べに行こうとか、悪く言えば知的遊戯、観念遊戯に明け暮れるような生活ですが、こういう高等遊民が日露戦争後に出現し、第一次世界大戦による戦争特需で増えていく。大正のバブル世代といったらよいでしょうか。

　漱石は、たとえば森鷗外のように善悪をはっきりと区別するリゴリスティックな態度ではなく、人間にはいくら「かくあるべき」と理念を言いつのっても仕方がない部分がある、と考え、自由に生きるのをよしとして、高等遊民を許容するような人間観を持っていました。だから、新しい時代の気分を小説家として捉えることに成功したのです。

余談ですが、この時代に流行したのがバイオリンです。それまでは軍楽隊の楽器、クラリネットや太鼓などでバンドを組むというのが流行だったのですが、大正教養主義の若者は一人で弾けるバイオリンを好む。そしてフラフラと逍遥《しょうよう》しながら、気が向くと弓を手にとる、というスタイルがかっこいいとされました。そういえば、夏目漱石の『吾輩は猫である』（一九〇五〜一九〇六年）にも、水島寒月君が田舎の高等学校時代に苦心してバイオリンを買うエピソードが登場しますが、まさに和辻たちの同世代の若者が描かれていたわけです。

## 大ベストセラー『三太郎の日記』

日露戦争後の時代精神、特に一高生などのインテリ層の若者たちのムードをよくあらわした書物に、阿部次郎の『三太郎の日記』があります。大正三年（一九一四）に刊行された随想風の小説で、大正期に大ベストセラーとなりました。

阿部は和辻より六歳上で、東京帝大哲学科の先輩でした。和辻が東京帝大を卒業したあたりから、二人の付き合いが始まります。阿部次郎もまた漱石門下で、やはり漱石の弟子たちの森田草平、小宮豊隆、安倍能成とともに「朝日文芸欄」の主要な執筆者となります。

『三太郎の日記』は阿部が自分を仮託した、青田三太郎という青年が主人公です。この三太郎が〈明治四十一年から大正三年正月に至るまで〉書いた日記が主な内容で、その知的生活が綴られていきます。主人公がああだこうだ考えながら自己形成していく成長物語、ドイツ文学でいうビルドゥングスロマン（Bildungsroman）です。

この「形成」を意味するドイツ語のBildungが重要です。いろんなものに触れて、ゆっくりと時間をかけて、自分を成長させていく。それが、ただの知識ではなくて、人間形成をしていくための「教養」なのです。

たとえばこんな感じです。〈自分の生活と思想とを独得にせんが為に古人及び今人と共通なる内容を駆逐するは、吾人の生活を極端に貧くすることである〉。続けてプラトンやスピノザやカント、ゲーテ、ショーペンハウアー、ニーチェ、ロダンなどが次々と登場し、こうした先人の思想を拒んであなたは新しい生活を送れますかと問いかけるのです。

とにかく古典から学ぼうというのですが、面白いのは、『万葉集』に対する感想です。〈机上の万葉集をとる。「朝に行く雁の鳴く音は吾が如く物思へかも声の悲しき」と云う歌の思いは明治の今日において更に歌い返すべき社会的必要のない歌であろう〉。つまり『万葉集』なんて今読むと古すぎるし、社会的意味は見出せない。しかし〈歌う必要のないことも経験する必要はある〉、〈自己の生活を自然に発展せしめ行く間に、先人及び今人の経験に逢着《ほうちゃく》して「此処《ここ》だな」と膝を打つ場合がある〉というわけで、とりあえずは読んでおく。

ニーチェもカントもヘーゲルも読んで、『万葉集』も『平家物語』も『源氏物語』も読んで、それを自分の中で総合していけば、高い人格が身につくはずだ。矛盾や悩みが出てくるかもしれない。しかし悩みとは青年の特権だ。未完成で弱い自分を見つめていけば、いつか完成するのだ、とまあ、そんなことが書いてあるわけです。これは、あえていえば「モラトリアム人間」ですね。問題の解決はいつも先送りされるのです。

こうした考え方、もっといえば生き方が、学生たちにアピールしました。彼らは受験戦争を勝ち抜いて、旧制高校、帝大まで進学できた人たちです。自分たちは試験で選ばれたエリートなのだから、自分の能力を信じて、ゆっくりと読書を重ねて修養すれば、世の中の矛盾もいつかは解けるはずだ――『三太郎の日記』は、そんなインテリ青年を肯定する小説としても読まれました。

この時代は、社会の学校化が進んだ時代でもありました。尋常小学校を卒業し、高等小学校に進んだだけでも、その前の世代からすれば、新時代の知識を身につけた、「我が家のエリート」だったわけです。中学校にまで行けば、立派な「村のエリート」です。そうした層にまで、『三太郎の日記』は読まれました。だから大ベストセラーになったわけです。それは、「読書する人」という層が分厚くなり、出版という文化も発展してきたことを意味していました。

この大正教養主義的価値観を、のちに評論家の唐木順三は『現代史への試み』のなかで「型なし」と呼んでいます。つまり日露戦争までの若者は、親たちの世代から、『論語』の素読などの江戸時代の学び方も受け継いでいた。これは儒教的な家族観、国家観といったものを言葉の上で内面化するだけでなくて、型として体得していたというわけです。たとえば素読するときには、書見台を置き、正座して、背筋を伸ばしてはっきりと声に出す。そうして身体的な規律とともに、身につけていく。これが唐木のいう「型」です。

それは維新後も伝統として残ってはいたけれど、三十年、四十年と時間が経ち、西洋文化に影響された世代が増えるにしたがって廃《すた》れていく。こうした中で生まれたのが三太郎的若者だと、唐木は論じるのです。なるほど読書三昧で結論は先送りというモラトリアム人間を「型なし」とは上手いことを言ったものだと思います。私自身、時代が違うとはいえ、それに近い学生生活をとても長く送っていたものですから、妙に納得してしまうわけであります。

## 人格主義とその批判

さて、『三太郎の日記』を書いた後、阿部次郎は人格主義というものを唱え出します。たとえば大正十一年（一九二二）に出版した『北郊雑記』というエッセイ集では、大正デモクラシー期の政治に関して、こんなことを言っています。二大政党政治は立憲政治の理想のように思われていた時代もあったけれど、結局、闘争としての政治であり、権力奪取、弱肉強食に明け暮れるだけだ。阿部はとても批判的です。では、どんな政治がいいのか。政治に〈絶対に必要なのは愛と公正との精神である。この精神を基礎とする相談と相互扶助とである。他人の美をなす心と他人の過失をいたわる心とを喪ったところに、今も昔もよき政治が行われる訳はないのである〉。そう謳《うた》いあげるのです。

つまり三太郎的な人物が、どんどん教養を積んでいって成長して、高い人格に目覚め、他人のことを思いやったり愛したりすれば、社会矛盾は解決する。これが阿部次郎の人格主義です。

これもまた大いに受けたのですが、その一方で、こんなのはきれいごとに過ぎないという批判もただちに出てきます。この時期になると、マルクス主義の影響も強くなっていますので、こんな甘い考えでは強欲な資本家による搾取が続くだけだ、という反論もなされるようになる。

代表的な批判をひとつ紹介しましょう。大正十一年に雑誌『新潮』に掲載された「阿部次郎氏の人格主義を難ず」という文章です。これを書いたのが阿部の十五歳年下で、当時は二十三歳だった竹内仁という若者でした。竹内はこの年に急死してしまうのですが、阿部の人格主義を徹底的に批判します。

竹内は書きます。〈何故に私は阿部氏の人格主義を非難しなければならないか。それは、第一には、それがブールジョアジーに彼らの保守主義の好個の口実を提供することになるからである〉。そればかりか、〈真正なる労働運動をも鎮圧し排斥し去勢しようと欲する側の人々に極めて体裁の好い論拠を——場合によっては良心の慰安をさえも——与えることになるからである〉。まことに痛烈です。

資本主義の矛盾や国家間の対立は、阿部の言うような倫理や道徳では解決できない。人格主義なんて、現実の社会に当てはめたら、資本家の慈悲心や政府の温情に期待するしかない、自分たちで何一つ決められない思想ではないか。竹内はそう言うのです。

## 大宅壮一の「遊蕩『人格』四兄弟」

少し後になりますが、昭和八年（一九三三）、人格主義を激しく揶揄《やゆ》した評論が発表されます。題して、「遊蕩『人格』四兄弟　阿部次郎、安倍能成、小宮豊隆、和辻哲郎の仮面を剥ぐ」。書いたのは、昭和を代表する評論家・ジャーナリストとなる大宅壮一でした。明治三十三年（一九〇〇）生まれ。竹内仁と同世代でした。

まず大宅は人格主義を〈本質は観念論的世界観なのだが、あたかもその発展過程が、日本資本主義の急激な帝国主義的発展の時期に発生して、その異常な開花期である〔第一次世界〕大戦当時に、日本的イズムとして確立し、戦後は漸次《ぜんじ》むきだしの反動思想に転化しつつあるのである〉と断じます。語彙《ごい》、論法からみても、マルクス主義に依拠した批判であることがわかるでしょう。

そして、『三太郎の日記』を評して、〈くどくどと、くだらない生活を、しかもいやにしちめんどくさく、哲学者ぶって、知ってるかぎりの東西の思想家、文豪の名を引き出し、ドイツ語をやたらにつかって、ペダンチックな、思わせぶりたっぷりな文章で読者を引きずり回す〉けれど、その内実は、〈女をながめてはよだれをたらし、「よだれを指先につけて」「へへののもへじ」を、書いては消し書いては消し、「わからぬ、わからぬ」といいながら、さもわかったように自己陶酔しているのである〉と、まあ、容赦というものがありません。つまり、大正教養主義はお坊っちゃんの遊びに過ぎず、「遊蕩人格」主義であると腐《くさ》すわけです。

そして、大宅の筆は、当時、京都帝大教授として活躍する和辻に向かいます。その攻撃の仕方がまた凄まじい。明治四十四年に実際にあった大江秋子との恋愛事件を暴露したのです。

〈和辻は、一日大江の稲村ヶ崎の別荘へ押しかけて、秋子を誘い出し、七里ヶ浜の砂っ原で、懸命にくどいた。が、江南〔和辻の恋敵〕に傾いた秋子の心は、彼の「人格」をもってしても、どうするわけにもいかない。

「あんたには、ぼくのこのはげしい心臓の音が聞こえないんですか？」と和辻はむせび泣くような声でいった。

「まあ、驚いた！　そんなにはげしいの。」と彼女はからかい半分に答えた〉

これを書くにあたって、大宅はわざわざ和辻を振った大江秋子にきちんと取材しているのです。そして〈まもなく彼は、失恋の痛手をかくして、（略）劇作を断念し、もっぱら大学教授になる運動をはじめた。（略）いまでは、大した野心をもって、『日本古代文化史』から、『哲学的日本現代史』を書いて、あっぱれ、日本のファッショ歴史哲学の先陣を承っている〉と徹底的に揶揄している。こうして大正教養主義は、次の世代に攻撃されて後退していきます。

実際、大宅の挙げた「遊蕩『人格』四兄弟」のうち、阿部次郎は江戸時代の文化研究に重点を移しますし、小宮豊隆は師匠である漱石の語り部となる一方で、歌舞伎評に活路を見出し、中村吉右衛門はすごいというようなことばかり言う人になります。そして、安倍能成は教育方面にシフトして、戦後には文部大臣を務めたりする。いずれもそれなりに立派に活躍しますが、オピニオンリーダー的な存在ではなくなり、論壇から離れていくのです。

しかし、和辻だけはその後も言論活動を続け、思想家としての生命を保ちます。それはなぜだったのか。和辻の思想を再点検していきましょう。

## キルケゴールの内面性

前に和辻がショーペンハウアーで卒論を書き、ニーチェ、キルケゴールの本を書いて、そのキャリアをスタートさせたことに触れました。このニーチェ、キルケゴール、ショーペンハウアーというラインナップがとても象徴的です。

つまり和辻は、同じ西洋哲学でも、カントやヘーゲル、あるいはマルクスといった、世界を体系化し、自らの思想によってすべてを説明し尽くそうとするタイプには興味を示していません。「神は死んだ」のニーチェ、『死に至る病』を書いたキルケゴール、そしてショーペンハウアーの厭世観を選んだ。人間の限界を意識しつつ、それを乗り越えるためにどうすればいいのかを考え続ける思想、ままならない人生の苦悩を苦悩のままに向かい合う哲学に惹かれていたのです。もともと文学的な志向をもっていた和辻は、もっと曖昧で、非合理な、感覚的なものこそが世界のありようであると捉えていました。

これには和辻が東京帝大哲学科で師事した、ラファエル・フォン・ケーベルの影響も大きかったでしょう。ケーベルはドイツ系ロシア人で、モスクワ音楽院でチャイコフスキーらについて音楽を学び、ドイツのハイデルベルク大学などで哲学を修めました。ベルリン大、ミュンヘン大などで音楽史などを教えていましたが、一八九三年に来日、一九一四年まで東京帝国大学で哲学を教えます。並行して、東京音楽学校でピアノも教えていて、演奏も作曲もプロフェッショナルという凄い人でした。滝廉太郎の先生はケーベルです。

ケーベルはどちらかというと神秘主義的な思想の持ち主でした。つまり体系をつくり、理屈で細かく説明していくのではなく、もっと理屈を超えてくる感覚的なものに向き合うのが哲学である、と考えていた。これは実存主義にもつながりましょう。

このケーベルを慕っていたのが夏目漱石です。漱石は帝大でケーベルの美学を学び、有名な「ケーベル先生」というエッセイでは〈文科大学へ行って、ここで一番人格の高い教授は誰だと聞いたら、百人の学生が九十人までは、数ある日本の教授の名を口にする前に、まずフォン・ケーベルと答えるだろう〉とまで書いています。漱石自身、『夢十夜』などの作品でもわかるように、人知を超えた神秘的な世界への深い関心を持っていました。

ケーベル、漱石という神秘主義的、物事を明確に峻別《しゅんべつ》しない思想のあり方は、和辻の土台となります。

和辻は『ゼエレン・キェルケゴオル』で、内面性を強調した哲学者キルケゴールに取り組みます。常に迷いや不安に心が揺れ動いている状態、これをキルケゴールは内面性と呼ぶわけです。そして神を信じない不信仰も、迷信をありがたがる信仰も、信じて疑わない態度という意味では迷いがない。これは内面性を喪失している状態だと批判します。和辻はキルケゴールの〈信仰と結びついた不安、救いの手段としての不安〉に着目し、人間は信仰と不信仰のような二つのものの間で絶えず揺れ動いている存在だと理解します。さらには、迷いや不安があるからこそ、確実なものを求めて努力したり、一生懸命になる人間の心こそ「まじめ」であり、「人格」なのだと定義します。

和辻は戦時下の昭和十八年（一九四三）に『尊皇思想とその伝統』を書きますが、ここで論じられる天皇観はかなりユニークなものです。天皇とは、臣民をして「清き明き心」にさせるものだと、和辻は言います。けっして天皇から「自分の考えはこうだから従え」と押し付けるのではなく、こちら側が、天皇とはいかなる存在か、何が天皇の御心にかなうのかを考えさせられる存在、それが天皇なのだ、と。人間を不安にして、「まじめ」にさせる天皇、すなわちキルケゴールが言うところの内面性をもたらす存在として天皇を捉えているのです。

こうしてみると、和辻の不安を出発点とした「人格」は、阿部次郎らの楽観的な「人格主義」とは一味違っていたことがわかるでしょう。

## 「間柄」の重要さ

もうひとつ、和辻の哲学で重要なのは、「間柄」という概念でした。人間とは、ばらばらの個人として考えても理解できないし、一枚岩になることを強制してもうまくいかない。人と人との関係性が大事なのだ、と和辻は考えます。

和辻は『人間の学としての倫理学』（一九三四年）のなかで、日本語の「人間」に着目しています。『言海』によれば、もともと「人間」は、「にんげん」ではなく「じんかん」と読み、「よのなか」「世間」を意味していた、「人」をあらわすようになったのは後世の誤用だ、と書かれている。しかし、そうだろうか、と和辻は論を進めます。〈「世の中」を意味する「人間」という言葉が、単に「人」の意にも解せられ得るということ〉は〈我々に対してきわめて深い示唆を与える〉と考えます。日本人は、「世の中」「世間」をふくめて、「人」を考えてきた、関係性が大事なのだ、と。

興味深いのは、和辻が一高時代に書いた文章に、すでにこうした考え方がはっきりと現れていることです。『校友会雑誌』明治四十一年（一九〇八）二月号に載った「精神を失いたる校風」というエッセイです。内容をごく簡単に紹介しますと、一高では寮生活が重視されてきた伝統があるが、その寮生活というのは一人ひとりの個性を尊重しながら、限られた空間で切磋琢磨することを期待されていたはずなのに、いつの間にか、寮歌を歌おうとか、みんなで練り歩こうとか、そういう集団主義に堕してしまった。それに対して、こんなバンカラな文化は下品の極みだという個人主義的な学生たちが現れた。しかし、この個人主義も、集団主義もどちらも不毛なのだ、と十九歳の和辻は書いている。じゃあ、何がいいのかというと、具体的な提言はなされていない。これも和辻的です。後にも述べますが、大正的教養人はよく言えば決めつけない。悪く言えば、結論はいつも先送りされる。ただ、互いの精神、人格、魂を高め合うためにはコミュニケーション、ソーシャルな交際が必要なのだ、と呼びかけるわけです。

人間《じんかん》、人と人の間を意識することで初めて人たり得る。極端な言い方をすれば、和辻哲郎の思想は、十九歳の時に書いたこのエッセイを展開していったものともいえます。個人主義でも集団主義でもない、人間と人間の関係、間柄を重んじる倫理です。

和辻の著作の中でおそらく最も有名な部類に属するものに『風土』（一九三五年）がありましょう。この「風土」という考え方も、人間を「間柄」として捉える発想から出発しています。

国民と一口に言っても、そこにはいろいろな人間がいる。それなのに一つの社会が作れるのはどうしてか。それは一人ひとりをつなぐ蝶番《ちょうつがい》のようなものがあるからだ、と和辻は説きます。それが、その国の、その土地の人間が育まれてきた風土です。和辻の言葉にならうなら〈ある土地の気候、気象、地質、地味、地形、景観〉が生み出した食生活や価値観、言語が人をつなぐコミュニケーションの基盤になるから、国民というものが成立している、と議論は進みます。

〈寒さを体験するのは我々であって単に我れのみではない。我々は同じ寒さを共同に感ずる。だからこそ我々は寒さを言い現わす言葉を日常の挨拶に用い得るのである〉

『風土』の一節ですが、この「寒いですね」とお互いに言い合えるときに、そこには寒いと言っている自分と、同じく、そのように思っている「我々」がいる。〈だから寒さにおいて己れを見いだすのは、根源的には間柄としての我々なのである〉、〈すなわち我々は「風土」において我々自身を、間柄としての我々自身を、見いだすのである〉。

和辻において重要なのは、集団でもなく、個人でもなく、間柄のなかでの我々というつながり方でした。

## 戦時下で説いた倫理

和辻は東京帝国大学で長年、倫理学講座を担当しました。和辻は、倫理学とは、哲学を応用して「人の道」を考える学問であり、人の道とは人と人の関係のあり方だというところから出発します。男女の関係や親子の関係、上司と部下の関係などで、どういう態度をとるのが正しいのか。これはその場その場に応じた正解があるわけで、逆に言えば決まった正解がない。だからカントのいう道徳律のような不動の原則は存在しないし、ヘーゲルのように人倫の世界を体系づけることも不可能だ、と退《しりぞ》けます。人間関係は常に生々しく流動的な世界で、唯一の答えを見出すことはできないという立場を取るわけです。

和辻は戦争の時代になると、日本を代表する倫理学者として、国民道徳を説く役割も担わされていきます。ここで注意したいのは、和辻にとっては、それは嫌々ながらの仕事ではなく、また単に体制に迎合するものでもなかったことです。

たとえば昭和十七年（一九四二）に発表した、学生には学生の役割があることを説く「戦時教学の根本方針」では、〈もし国家が必要とするならば前線に出て戦うこともあり得る〉としながらも、〈しかし彼ら〔学生〕の本分はあくまでもその光栄ある双肩を逞《たく》ましく発達せしめ、負荷の大任を担い得るようになることである〉と説きます。「負荷の大任」とは、将来の日本を担うことです。〈学徒の本分は将来への任務にあって現前の任務に参与することではない。かつて学生が社会運動政治運動等に身を投じた如きは本分逸脱の顕著なるものである〉と説き、その大任を完全遂行する覚悟こそ〈「敵を倒すまでは死んではならぬ」という標語の指すところにほかならぬ〉と論じています。これはよく読むと、学徒動員批判ともとれます。翌昭和十八年から学徒出陣、学生の本格的な勤労動員が始まるのですが、ぎりぎりの表現で、現前の任務に参与するな、死んではならないというメッセージを織り込んでいる。

昭和十八年には海軍大学校で「日本の臣道」という講演も行っていますが、こちらでは国民一人一人が「臣」と「民」の二つの側面を持っている、「臣」は〈大君より命ぜられました任務は公の任務、国家の任務でありまして、いかなる意味でも私を混《まじ》えるべきものではありません〉とし、〈自分の意を迎えるものを用い、直言するものを斥けるとか、自分の地位の権力を用いて自分一己の考え方を他に押しつけるとか、そういう態度はすべて皆臣の立場の「私」にほかならない〉、それは〈重大な非行〉であり、〈不忠の最大なるもの〉だと強く批判しています。

和辻は学問的な信念に基づいて、和辻の思うところの、民族としての日本人の力の結集の仕方、そのための倫理道徳を説いていた。それは、いま紹介したように、全体思想的な傾向とは無縁でした。人格の重視、民＝私としての自由と臣＝公の公正さを両立させるという一線をまもったがために、和辻は戦後もパージされることなく、思想家として生き残ったのだと思います。

## まじめに煩悶し続ける

ところで、和辻にとって恋愛もまた、重要な思想的テーマでした。

和辻は二十一歳、まだ帝大生の時に「常磐」という戯曲を書いています。常磐は常盤御前。源義朝の妻で、源義経の母になる人ですが、平清盛に囚われてしまって「もう殺せ、自分は死ぬ」と清盛に訴えている。清盛はこうした常盤御前の心を溶かしていく役回りで登場します。清盛は言います。私が勝者であなたが敗者で、敗者は誇りを守るために死ぬというのはあまりにも決まり切った役回りの関係ではないかと。

清盛は常盤御前に「あなたのことは簡単に奴隷にできるけれども、実は心がなびいている、好きなんです」と告白し、私のほうがあなたの奴隷なんです、ということを言う。そして、どちらかが源氏でどちらかが平家というような決まり切った役柄分担はもうやめようと呼びかけるのです。こうして会話をしているうちに、あらかじめ決められていた役柄というものは次第に変化していくのではないか、と清盛は切々と説くわけです。この戯曲を書いた前後に、大宅壮一が暴露した恋愛事件が起きているのですが。

戦後、評論家の竹山道雄と谷川徹三がコーディネートした座談会をまとめた『対立を超えて』（一九五〇年）という本がありますが、和辻はこのなかで、文学を志しても、学問を志しても、どんな日本文化論を展開してもどうにもならないものがある、そのどうにもならないものとして恋愛がある、と述べています。座談会に参加していた物理学者が、原子力がすべてを解決すると言っているのだけれども、そんなことは信じられない、と和辻は反論します。なぜならここは人間の社会だから。どんなに人間の技術が進歩しようと、社会が発展しようと、好きな人に捨てられることは起こり得る。未来永劫、人間の世界から消えることはない。その意味で人間は人間関係において苦悩し続けるのだし、人間に完成はない。苦悩が消えたユートピアが訪れることはあり得ない、と。

この、理屈では捉えきれない人間の心にこだわりつづけ、人と人の間柄を軸に「まじめ」に煩悶し続けたこと。和辻が思想家としてなおも生き続けているとすれば、そこらへんに理由があるのではないでしょうか。解決しないことは解決しない。そういう柔軟な文学者的な構えが、やはり和辻の魅力なのでしょう。

## 河上肇　「人間性」にこだわった社会主義者

明治後期から大正時代にかけて日本を席巻したのが社会主義運動です。その代表的な論者でありながら、独特の思想遍歴をたどった人物として、本章では経済学者の河上肇《はじめ》を取り上げたいと思います。

河上の最も有名な著作は、大正五年（一九一六）に執筆した『貧乏物語』でしょう。これは大阪朝日新聞に連載された評論で、貧困の問題を経済学の観点から論じ、大ベストセラーとなります。今でいえば格差の問題にも言及しています。この本が大きな反響を呼んだ背景には、明治以来の産業、経済の近代化が進み、その矛盾が日本社会に軋《きし》みを与えていたこと、さらに第一次世界大戦による好景気のなか、貧富の格差が拡大したことがあるでしょう。

日本における社会主義思想の流れとともに、河上が時代の問題にいかに答えを出そうとしたかを見ていきたいと思います。

## 出世、論争、入党、投獄

河上肇は明治十二年（一八七九）、山口の岩国に生まれます。美濃部達吉の六歳下、和辻哲郎よりは十歳上になります。山口高校を卒業し、東京帝国大学法科大学政治科に進みます。旧制教育では、高校は今日の大学のいわゆる教養課程に相当します。つまり高校に入ることはもう大学に入ったことを意味している。旧制高校と帝国大学は一体でした。山口高校は、長州のエリートを帝国大学に送り込む、ひとつの大きな入口だったのです。

大学卒業後は非常勤の大学講師をしながら、読売新聞で「社会主義評論」という連載を持つなど、活発な文筆活動を行います。明治四十年（一九〇七）に『日本経済新誌』を創刊。翌明治四十一年には、二十九歳で京都帝国大学にポストを得て、その後、助教授、教授、経済学部長と順調に出世していきます。

河上は学者とジャーナリストの両面で活躍を続けました。大正八年（一九一九）には『社会問題研究』という新雑誌を創刊し、そこを舞台に数々の論争を繰り広げます。論争家というのも、河上の大きな特徴でしょう。河上の論争の仕方は、自分に対する批判や論《ろん》駁《ばく》したい部分をいちいち引用して、細かくネチネチと攻め立てるという、非常にねちっこくて、執拗《しつよう》なものでした。読んでいると、正直勘弁してくれという感じにもなります。

これは河上に「私はただの学者ではない」という意識がとても強くあったからだと思います。それは帝国大学という体制内で、社会主義という、当時、反体制的な思想とみられがちだったものを研究していることに起因するものでしょう。河上自身、それなりに恵まれた環境に育ち、ある種お坊っちゃん的な育ちのままアカデミズムの道に入っていったわけで、周囲から「社会主義研究といっても、国から給料が保証されている大学の先生に何がわかるのか」と思われることに対して、非常に敏感だった。それがジャーナリスティックな活動を積極的に行うことや、執拗な論争にもつながっていったのかと想像します。

大正九年（一九二〇）頃から、河上はマルクス経済学に傾いていきます。『資本論』の翻訳を進めるなど、存在感を高めますが、その分、大学との軋轢《あつれき》も生じます。昭和三年（一九二八）、大学を辞めて、労働農民党の設立に参加しますが、やがて脱退し、昭和七年

（一九三二）には非合法だった日本共産党に入党。翌年、治安維持法違反で逮捕され、有罪判決を受けて、小菅刑務所に収監されます。四年近い獄中生活ののち、昭和十二年（一九三七）に出獄。その後、体調を崩して、京都に戻り、昭和二十一年（一九四六）に死去します。六十六歳でした。

## 体制側が先取りした社会主義的政策

河上の思想の中身を追っていく前に、その前提として日本における社会主義の流れを押さえておきたいと思います。

教科書的な理解では、明治二十六年（一八九三）に刊行された民友社編『現時之社会主義』が、日本における社会主義の嚆矢《こうし》とされています。「第一章　社会主義の種類」にはじまり、マルクス『資本論』を詳しく紹介するといった内容です。

日清日露戦間期になると、さまざまな社会主義運動が起こり始めます。明治三十年（一八九七）に労働組合期成会が結成。翌年には社会主義研究会が結成され、やがて社会主義協会に改組されます。明治三十四年（一九〇一）には片山潜《せん》、安部磯雄、木下尚江《なおえ》、幸徳秋水、河上清、西川光二郎による社会民主党が結成されますが、すぐに、結社禁止を命じられます。

日露戦争が始まる前年の明治三十六年（一九〇三）は重要な年でした。幸徳秋水の『社会主義神髄』や片山潜の『わが社会主義』が刊行されます。非戦論を唱えた幸徳と堺利彦が中心になって平民社を創立、「平民新聞」を発行するのもこの年。そして、明治中期から末期に起きた最大の労災事件、公害事件でもある足尾銅山鉱毒事件とも結びつく形で、社会主義運動が沸騰していく――これが、これまで語り継がれてきた日本社会主義運動の「正史」だったといえるでしょう。

しかし、ここでは少し違う見方をしてみたいと思います。日本で社会主義の政策を最初に議論し始めたのは、社会主義者や労働者ではありませんでした。明治が始まって間もない一八七〇年代には、社会主義的政策、福祉国家の設計が議論されていたのです。それも、のちに社会主義の敵とされる財界や政界など、いわゆる体制側が先に社会主義を研究し、制度を設計していた。

それはなぜかというと、社会主義運動が先鋭化することを予防したいからです。将来必ず、社会主義が日本において台頭する。だから早いうちに手を打っておこうというのが、政府、財界の考え方でした。

パウル・マイエットというドイツから来たお雇い外国人がいました。明治政府に招聘されて東京医学校のドイツ語教師もやっていた人ですが、明治十一年（一八七八）、マイエットが横浜の会社で演説を行います。それを本としてまとめた『日本家屋保険論』こそ、日本における損害保険という制度思想の原点だとされるものです。

　来日して二年ばかりを過ごしたマイエットは、この日本という国は災害が多すぎると感じます。地震は多い、台風にも頻繁に襲われる、家は木と紙で作られているから燃えやすい。しかも、そうした災害に遭った場合の補償は何もない。そこで、火災をはじめとする災害による家屋損害を、保険によって政府が補償するようにしなければ、日本の近代化はない、と力説したのです。火災保険の国営、及び強制加入という発想は大きな反響を呼んで、大隈重信が政府の施策として導入しようとするまでに影響力を持ちました。

　いきなり保険の話が出てきて、これが社会主義と何の関係があるのかと戸惑われたかもしれません。実はドイツ帝国が社会主義を予防するために生み出したシステムが、保険制度だったのです。

　マルクスとエンゲルスが共産主義者同盟を結成したのが一八四七年、翌年には『共産党宣言』を発表します。一八六四年に第一インターナショナルが発足、一八六七年には『資本論』の第一巻が刊行されました。マルクスは日本でいえば勝海舟とほぼ同世代です。日本の幕末期、すでにヨーロッパでは先鋭な社会主義運動が起きていたのです。

ビスマルク率いるドイツ帝国は当時、フランスやイギリスに追いつけ追い越せで国費を投入して産業を興し、国営企業を民間に譲渡したり、あるいは民間企業を手厚くサポートしたりして、先進資本主義国家になろうとしていました。イギリスやフランスにはすでに民間の保険があり、会社の厚生制度も整備されていましたが、後進のドイツでは、労働災害に対する補償制度などが備わらないままに、どんどん工場を作って、劣悪な環境下で人を働かせるのが常態化していました。炭鉱での落盤事故で労働者の数パーセントが死亡したり、深刻な塵肺被害が起きるなど、労働災害の多発は大きな社会問題となり、政府への不満が募っていったのです。

ここにロシアの無政府主義、マルクス＝エンゲルス的な共産主義、あるいはフランスのプルードンによるサンディカリズム（組合主義）が入ってくる。急激な近代化を進めたドイツ帝国はこのようにして、社会主義革命さえ起きかねないような事態に直面していたのです。

そこでビスマルクが実施したのが、有名な「飴と鞭」政策でした。帝国を転覆させようとする社会主義者は鞭打って厳しく取り締まるが、社会主義に頼らなくても国家が国民の面倒を見ましょうと飴を配る。こうしてドイツ帝国は国家が保険を運用し、世界で初めて公共で福祉をおこなうのです。

このように福祉国家、保険の思想はアンチ社会主義の発想から誕生したものでした。マイエットの提言は『現時之社会主義』が刊行される十五年も前のことです。民衆よりも先に、政府や財界に社会主義的発想が浸透していったのです。

## 「保険の父」は数学者

ここでもうひとり、日本で保険の考え方を定着させた功労者として紹介しておきたいのが、「日本の保険の父」とも呼ばれる、数学者の藤沢利喜太郎《りきたろう》です。前にも述べたように、マイエットの議論に大いに動かされたのが大隈重信でしたが、大隈は明治十四年（一八八一）の政変で下野してしまいます。その後に現れたのが藤沢でした。

藤沢は帝国大学理科大学数学科で、菊池大麓《だいろく》に次いで二人目の日本人教授となりました。高木貞治《ていじ》なども藤沢の弟子にあたります。

藤沢は明治十年代に国費留学でドイツとイギリスに渡ります。ドイツで目の当たりにしたのは、社会主義の台頭でした。藤沢はこれを日本の近代化にとっても脅威だと感じる。そう感じてしまうのが、いかにも明治政府側からの国費留学生、官の側に立った発想だなと思うわけですが、とにかく日本に帰ってきて『生命保険論』という重要な書物を書きます。これは保険数学の基礎にも言及し、近代的な生命保険とはどういうものかを日本で最初に紹介した本で、社会思想史的にも重要なものでした。

藤沢の追想録を読むと、成瀬達という人が「我社の創業と藤沢博士」という文章を寄せています。この「我社」とは日本生命のことです。成瀬は昭和十二年（一九三七）から十年近く、日本生命の社長を務めた人物ですが、日本生命の創業に藤沢博士がいかに決定的な役割を果たしたかを述べているのです。〈先生の公正なる理論は、何者をも同化せしめずにはおかなかった。先生の生命保険論は実に憂国の至情から生まれ出た〉と成瀬は語ります。そして、〈当時すでに現われていた、また、将来現るべきところの社会経済的矛盾を修正し、かつ国家及び国民をかの虚無的破壊主義から救わんとするの熱情から出たものであった。したがって、先生の希望せらるる生命保険事業はまさに済世的事業であ〉った、と。

ここにある「虚無的破壊主義」は社会主義と解釈していいでしょう。実際、藤沢の『生命保険論』には突然、社会主義の脅威に言及するくだりがあります。藤沢がベルリンでビールを飲んでいたらドイツ人が話しかけてきて、社会主義の話になり、日本には社会主義政党がないと説明したら、そのドイツ人に「素晴らしい」と言われたというエピソードです。とにかく社会主義の拡大から日本を救おうと、藤沢はドイツ流の福祉国家構想を政府に進言します。ところが国にはそんな予算がない。東京中が丸焼けになったときに保険金を市民に支払えといわれたら、政府は破綻してしまう。藤沢の提案は却下されてしまいます。

　では民間の保険を整えよう、と藤沢は発想を切り替えます。そしてまずは保険料を自分で払える中産階級を救うことを考えようと動きます。これもまた社会主義が蔓延《まんえん》することへの防波堤作りがテーマになっています。藤沢はドイツで、どんな人が社会主義者になるのかも研究していました。低所得者やプロレタリアート、貧しい労働者が社会主義に走るだろうと予想していたのですが、調べていると、むしろ社会主義者として国家体制に反逆しているのは中産階級出身者だったのです。より正確に言うならば、中産階級からの没落者でした。

　子どもの時はいい思いをしていたのに、お父さんが仕事のせいで病気になって国にも会社にも見捨てられた。学校も途中で退学しなければならなくなった。おいしいものが食べられなくなった。貧しい人たちと一緒にされて、衛生環境もひどいところでの生活を余儀なくされた。こうして初期にはよい教育は受けたけれども、急激な没落によって社会に恨みを持つようになった若者が、社会主義の最大勢力となっていることを、藤沢はドイツで発見しました。これにはいまのアメリカのラストベルトにおけるトランプ支持者とも通じるものがありましょう。

日本でもそれなりにいい暮らしをしていたのに、近代化に急かされた労働が原因で家計の柱を失い、没落を余儀なくされた家庭の子どもたちが国家を危うくしかねない。そういう子どもを一人でもなくすことが国家百年の計だと藤沢は考えて、保険制度を本格的に整備し始めるのです。

そして大正に入って、藤沢は官営による、貧しい人でも入れる保険の仕組みを設立します。それが誰もが無審査で入れる、郵便局の簡易生命保険です。そして簡保加入者第一号は藤沢利喜太郎その人でした。

## 農村の助け合い精神は社会主義に通ず？

このようにしてマイエットや藤沢利喜太郎による「上からの社会主義」が模索されてい

たわけですが、明治三十年代に入ると、恐れていた事態が発生し始めます。「下からの社会主義」の盛り上がりです。

明治三十四年（一九〇一）、社会民主党の結成時に、安部磯雄が執筆したとされる「社会民主党宣言」には、人類皆同胞、軍備全廃、階級制度全廃、富の分配を公平にせよ、治安警察法廃止と、当時の社会主義の定番項目がずらりと並んでいます。のちに大逆罪によって死刑に処される幸徳秋水が『社会主義神髄』を出したのが明治三十六年。社会主義者の松岡荒村《こうそん》が「国歌としての『君が代』」という文章で「歌詞にいたってはすこぶる寂寞陰鬱を極め」といった調子で国歌を徹底的に罵倒したのが明治三十七年です。日露戦争が始まる時に、国家に抵抗する社会主義者がそこかしこに現れ始めていました。

ここでようやく河上肇が登場します。この頃、河上は農業と経済を一生懸命研究していました。そして農業こそが人間の「徳」を養うものであると主張するのです。

河上がまとめた「農業及び商工業の社会上に及ぼす影響」（一九〇三年）をみてみましょう。

一、農業は国民を質素に導き、商工業は奢侈《しゃし》に誘《いざな》う。

二、農業者は愛国心に富み、商工業者は必ずしも然《しか》らず。

三、農業は国民をして正直ならしむといえども、商工業はむしろ国民をして軽薄ならしむ。

四、農業は国民をして温順ならしむといえども、商工業は然らず。

五、農業者は一般に宗教心に富むといえども、商工業に従事するものは然らず、したがって農業の社会に及ぼす影響は商工業の社会に及ぼす影響と異なれり。

なんだか江戸時代の農学者のような主張ですが、これに反論したのが、河上のライバルとなる経済学者・福田徳三でした。彼は農業というものはあくまで産業の一つであって、それぞれが自らの利益を求めて営むものであると主張します。農業者は儲かることを自分で考えて、工夫して、競争しながら強くなっていくべきだ。そういう努力を怠って、潰れていくような農民は放っておいて、強い日本の農業を推進していかなくてはならない。まさに近代的な経済学者らしい農業観といえるでしょう。

それに対して、河上は一貫して、利己主義は間違っていると言い続けた人でした。アダム・スミス的な競争原理は間違いであって、人間は基本的に助け合う存在であり、自分だけいい思いをすれば、居心地が悪くなるのが人間の本質だ、と信じていた。こうした人間の徳を育んできたのが日本の農村であると主張します。コメというのは長期保存がきかない。気候の悪条件が重なればすぐに凶作になってしまう。だからいつもギリギリの生産量しか確保できない。助け合わなければ農村というのはやっていけない。だから神に祈る行事を含めて共同性が発達し、お互いを思いやる相互扶助の精神が育まれているのだと、議論を展開します。それが社会主義につながっていくのです。

さらには農業は正直だ、と言います。凶作になったら誰の目にも明らかで、商工業のように、会社の帳簿をいじって数字をごまかして、さも儲かっているように見せるようなデタラメはできない。こうして正直な経営を宿命づけられ、かつ、長期保存がきかないようなコメ生産に異常な執着を燃やし、自らを豊かにすることに何かと足かせをつけられた日本の農業と農民は、人間の本質を高いレベルで実現しているのであると論じます。経済学に人格主義がミックスされたような考え方で、ある種の共同体主義にも通じるものがあるでしょう。人の倫理に訴える形で、経済と社会の矛盾、問題を解決していこうという姿勢です。

明治三十八年（一九〇五）に読売新聞に連載した「社会主義評論」にも、〈我利我執に迷盲せる人心の無明を一変して純無我純他愛の楽境に逍遥せしめ、然《しか》る後始めて社会主義の実行期し得べしとせば（略）新社会（社会主義の実行され得たる社会）の美所を見ん〉、つまり、みなが利己心を捨て、他愛の世界に目覚めれば、社会主義の美しい新世界がやってくる、といったことを書いています。武者小路《むしゃのこうじ》実篤《さねあつ》がユートピアを実践しようとした「新しき村」のような白樺派のヒューマニズムの世界にかなり近い。

ところが最終回で突然変なことを言い出します。〈既に余は絶対最高の真理を捉得せり〉。何か特別なものを私は知ってしまったので、この連載をやめてやり直しますと宣言する。これは何かというと、河上は、伊藤証信という元浄土真宗のお坊さんが始めた助け合いのユートピア「無我苑」にハマってしまうのです。人間の本質に迫るには、宗教の道こそが一番手っ取り早いから、日本で社会主義を実現するためにはみんなで無我苑に行こう、となる。結局、河上は伊藤の考え方も所詮個人主義だと見切りをつけて、たった数ヵ月で決別してしまうのですが。

とはいえ、助け合い精神の日本の民族性に賭ける姿勢は崩しません。大正二年（一九一三）から、河上は一年半、ヨーロッパに留学します。その見聞記『祖国を顧みて』には個人主義的で自由主義的で利益追求ばかりする西洋人をひたすら論難した文章が並びます。やっぱり日本人は完成している。狭い日本の中で、貧しい中にも喜びを見出して、助け合う精神を持ち続けているのだと記します。

## 金持ちの道徳感情に訴える

しかし河上がいかに日本人の立派な精神性を強調しても、現実の日本社会は貧富の差が拡大するばかりでした。なぜこんなに貧乏な人が多いのか。どうしたら貧乏をなくせるのか。この説明をしようとして生まれたのが、河上の大ベストセラー作品となる『貧乏物語』です。

　貧乏をなくすためにはどうしたらいいか。河上は『貧乏物語』で三つの方法があると書いています。一つは金持ちが自ら進んで贅沢をやめること。一つは貧富の差を何らかの方法で匡正《きようせい》し、所得の著《いちじる》しい格差をなくすこと。もう一つは一切の生産事業を国営化して、私人の金儲けを廃止、経済生活を国家の仕組みとして均等にすること。そして『貧乏物語』で、河上は一番目の方法を推奨するのです。

　金持ちが贅沢をやめれば、その分、贅沢品が売れなくなって、大衆が求める生活必需品の生産設備がもっと充実する。そうなると雇用も生まれ失業も抑えられる。自ずとみんながそこそこの暮らしを持てるようになる。理想的な社会主義的世界が実現するだろう、というのが、河上のヴィジョンでした。

お金持ちには財産を貧乏人に分け与えるとか、喜捨するとか、慈善活動をするとか、そういう意識になって欲しい、その啓蒙を期待した本なんですよ、と読者に語りかけます。だから『貧乏物語』はお金持ちの皆さんにこそ読んでもらいたい。ここにも、河上の人の倫理や道徳に期待するスタンスがあらわれています。

## マルクス主義への接近と苦闘

ところが大正八年（一九一九）あたりになると、そんな甘い考えでは何も変わらないと攻撃にさらされます。堺利彦や、マルクス経済学の権威でもあった櫛田民蔵といった論客から「階級を超えた普遍的な人間道徳があるということを信じている時点で間違っている」と批判を受けるのです。

それで河上は「或《ある》医者の独語」というエッセイで、次のように方針転換を宣言します。病源である寄生虫を退治しなければ治らない病気がある。本当は膏薬や水薬で済ませたいのだが、手術をするしかない。これには流血や痛みを伴うが止むを得ない――。

この手術というのは、言うまでもなく社会主義への変革で、寄生虫というのは金持ちのこと。病気を完治させるには血を流してでも金持ちを退治しなければならない、とここではっきりと書いて、〈吾輩を指して危険思想家など唱うるは、かの寄生虫に媚ぶる一味の医者共である〉と啖呵《たんか》を切ります。

ただ、やっぱりそれでも人間本来の資質、道徳倫理を信じる道は捨てられない。「可変の道徳と不変の道徳」や「社会主義の進化」といった文章で、ブルジョワジー道徳とかプロレタリアート道徳とかあらわれ方はいろいろあるだろうが、人間にはやはり不変の道徳があると主張し続けます。

その一方で、個人で始めた雑誌『社会問題研究』では、それまでの性善説的な人間観からの脱却もはかります。たとえば「人間の自己瞞着《まんちやく》性」（一九二〇年）と題する論考に曰く、人間には自己瞞着、欺《ぎ》瞞《まん》性というものがある。今ある環境を守るために、本当はそれじゃまずいと思いながらも、自己欺瞞してしまう性質を持っている。プロレタリアートは自己欺瞞する余裕もないまま生きているが、ブルジョワジーはいい思いをしているこの環境を維持しようとするから欺瞞性が強くなって、人間の良い心が目覚めにくい回路になってしまっていると論じるのです。

この欺瞞性というものが、如実にあらわれているとして、河上が例にあげるのがちょっと意外な人物です。

田中智学。昭和陸軍の石原莞爾や詩人の宮沢賢治に影響を与えた日蓮主義の宗教家ですが、河上は田中智学の文章からこんな一節を引用して、欺瞞性が典型的にあらわれていると指摘します。

〈こんな事はイキナリに聞いては、ちょいと合点がいかないだろうが、まあ我慢して一度はだまされたと思って私の言う事を味わって考えてみて下さい〉

この〈一度はだまされたと思って〉という言い回しが、ブルジョワ的なごまかしの態度であると河上はいうのです。この論法を当たり前のように使う人は、現状維持を願う人たちだと。

また大正十年（一九二一）に刊行した『唯物史観研究』では、マルクス主義の本格的な理解に取り組むわけです。しかし、その理解の仕方は、やはり河上流なのです。

〈マルクスの社会主義の根柢となれる唯物史観は、明らかに一種の必然論であるが、その必然論には、（略）人間性に関する一定の独断がある〉。つまりマルクスの人間観が反映した理論なのだという。河上の理解では、マルクスの人間観は次の一言に尽きる。「人間はみな生きたい」。ただしアダム・スミスのように「自分だけが生き残りたい」という利己的な生存欲求ではなくて、マルクスは助け合いも含めて「みんなで生きたい」という生存権を考えている。だからマルクスの論じるプロレタリアート革命とは、世の中で一番「生きたい」と切実に願う人々による革命なのだというわけです。

こうして河上はマルクス主義や共産主義へと深入りしてゆく。主宰する『社会問題研究』の表紙もいかにもプロレタリア文学調のデザインに変わっていき、記事の内容も、鐘紡の経営者である武藤山治《さんじ》をインチキだと攻撃するような性格にシフトしていきます。ヒットを受けての続編『第二貧乏物語』でも、お金持ちを説得して行動変容を説いた前作とは打って変わり、ブルジョワの温情に期待していてはダメだとはっきり宗旨替えしています。早くソビエトに学んで、国民全体が等しい労働時間で働いて、失業者や労働者を解放しよう、相互扶助の最高の社会を実現しよう、という主張になっていくのです。

## 唯物史観に徹し切れず

前にも紹介したように、河上の社会主義の出発点は、日本の農業社会でした。そこでの相互の助け合いこそ、河上の求める理想の原質であるといってよい。ところが、昭和八年（一九三三）に治安維持法違反で捕まって、獄中で書かれた膨大な『獄中日記』には、「日本人は社会主義に進むのが正しいという信念を大正から昭和にかけて持ち続けていたはずなのに、今はみんなそれを忘れているかのようだ」という日本社会に対する嘆きが記されるようになります。

なぜ日本で社会主義運動が続かないのかという疑問を、河上は〈どうして日本人には執拗な耐久力が欠けているのか？〉という問いに置き換えて、様々な日本文化を持ち出して論じます。まず短歌と俳句。わずか三十一音、十七音よりなる単純な詩型は瞬間的で刹那主義である。国技の相撲は立ち上がったかと思うと、もう勝負はついている瞬間的な競技であり、大男が狭い土俵に二人も現れるさまは盆栽的であると論じます。〈思い切って残酷なことをし得ないのもこの瞬間性のためである〉、つまり瞬間的な文化だから暴力革命を起こすまでの粘りが生まれないのだと、書いている。ともかく、なぜ自分の信ずる当たり前がこの国では通らないのかと煩悶し続けたのが、昭和十年代の河上肇でした。

出獄してからも病気でほぼ活動をすることがなかった河上ですけれども、昭和二十年（一九四五）、終戦の年に知人に送った手紙の中では、あれほど批判していた短歌を詠んでいるのですね。紹介しましょう。

あはれ夢みな夢となりたたかひのやみなむ日まで君に逢へなく
空中楼閣忽《たちま》ち土崩瓦解して身は寄す孤舟万里の波
あはれ夢夢みな夢と消え去りて病みこやしつつひとりいねをり

河上は、振幅の大きい思想遍歴を続けながら、結局、唯物史観に徹し切れない、あくまでも人間の心根の問題にこだわった経済思想を残しました。

その思想は、戦後になって再評価されます。マルクス主義的な唯物論といっても、やはり革命は人間が行うことで、科学的な法則だけでは物事は動かない。心情の問題は無視できないということで、東京帝大で和辻哲郎の門下生でもあった梅本克己の主体性論、主体性がなければ革命はなし得ないという議論に受け継がれていき、河上肇の議論があらためて参照されるようになるのです。いまの地球環境問題をめぐる議論のなかにも、河上が論じてきたような人間性に基づく行動変容と重なり合う論点を見出すことは可能かもしれません。

マルクス主義の理解がぬるいと批判され、転換を図るも、完全には科学的な方向に舵《かじ》を切りきれなかったけれど、その振り切れなさがあったからこそ、今日にも甦りうる。それが河上という思想家です。ヒューマニズムは永遠に不滅ということでしょうか。

## 小林秀雄　天才的保守主義

小林秀雄の文壇デビューは昭和四年（一九二九）。いまから一世紀近くも前のことですが、この本で取り上げた人たちのなかでも、一番「現役」感があるのではないでしょうか。私にとっても小林秀雄は「同時代の人」という印象があります。たとえば私が中学生だった昭和五十二年（一九七七）に『本居宣長』という、今でも読み継がれている有名な本が刊行されました。それが本屋さんで平積みになっていたのを記憶しております。当時、小林は七十五歳でしたけれども、文芸評論家として日本一の「売れっ子」だったともいえるでしょう。今でも書店に行けば文庫本のコーナーで、簡単に小林秀雄の作品を手に取ることができます。没後四十年になる現在でも、『考へるヒント』『無常といふ事』が、一般の読者にそれなりに読み継がれているというのは、なかなかすごいことだと思います。

なぜ小林秀雄はずっと「現役」なのか？　それが本章のテーマです。

私の考えでは、小林秀雄という人は、基本的に一つのことしか言っていない。非常に若い時期に、その考え方は完成して、そのまま生涯変わることがなかった人だと思います。批評の対象は、ドストエフスキーだったり、モーツァルトだったり、ゴッホだったり、本居宣長だったり、同時代の小説や世相だったりするのですが、言いたいことは実は同じという、きわめて一貫した姿勢で、最後まで駆け抜けた。

その繰り返し言っていたこととは何かというと、何でも科学的に説明できると信じる人間が増えると、世の中はダメになるということです。

小林は、当時、最先端の思想だったマルクス主義への反発から出発しました。

マルクス主義とは、歴史でも経済でも社会でも政治でも、世界のあらゆることは、客観的、科学的、合理的に説明でき、予測が立てられるという思想です。科学と合理によって世界は全て説明できると主張する。

小林秀雄はこれに、理屈、理論、理性などで人間というものがわかるはずはない、と真っ向から反対しました。その一方で、単に理論を否定し、何かを説明することから逃げるような態度にも厳しく批判的でした。いわば「理論ベッタリ派」と「理論不在派」の両方をバッサリと斬りつけるような考え方を鍛えぬくことによって、独自の思想を展開していったのです。

## 論争力と生活力

　ではまず、その生涯を簡単に。生まれは明治三十五年（一九〇二）、東京・神田猿楽町。貴金属の研究者から技術者、実業家になる父親の家で育ちます。芝の白金尋常小学校、東京府立一中に進学。一学年上に蔵原惟人《これひと》がいました。蔵原はのちに共産党系の重要な理論家となり、中野重治らと新日本文学会を創設します。文化批評、芸術批評もこなし、ソビエトに留学して、映画『戦艦ポチョムキン』を日本に紹介したりもしています。このように小林と同世代の高学歴インテリには、マルクス主義に大きな影響を受けて左翼運動に参加するような人が多かったわけです。また、終生の友といっていい河上徹太郎と出会うのも、この一中時代です。

　大正十年（一九二一）、小林が十九歳の時に父を亡くしてしまいますが、その年、一高文科丙類に進学します。実は小林は病気がちだったこともあって、一年進学が遅れました。

それが影響してか、当時からやや世捨て人風というか、隠者めいた思考、感覚を持っていたといいます。ちなみに文科も理科も、履修する第一外国語によって甲類、乙類、丙類に分かれていて、甲が英語、乙がドイツ語、丙がフランス語でした。

一高時代には、同人誌で文章を発表して、志賀直哉や武者小路実篤に褒められます。これがきっかけで志賀直哉と非常に深く付き合っていくことになります。志賀と小林は二十歳ほど年の差があるのですが、当時の一高生といえばスーパーエリートでしたから、「一高の文芸部です」と作家に会いに行けば「俺の作品を読んでくれているのか」と歓迎されました。小林はのちに「志賀直哉」（一九二九年）という評論を発表しますが、そこで展開される議論には、小林が生涯にわたって繰り返すことになる思想の核心を見て取ることができます。これは後に詳しく述べることにします。

大正十四年（一九二五）、二十三歳で東京帝国大学仏文科に入学。ここでの同級生には、作家で初代文化庁長官にもなる今日出海《こんひでみ》らがいました。この年、中原中也と出会い、中原の恋人だった長谷川泰子と三角関係になります。そして、昭和三年（一九二八）に卒業すると、いきなり家を出て、奈良で隠棲的な生活を送ります。このとき志賀直哉も奈良に住んでいて、小林はしばしば志賀家を訪れていました。

翌年、東京に帰ってきて、『改造』の懸賞論文に応募し、第二席となったのが、デビュー作になる「様々なる意匠」でした。第一席は、後に日本共産党のトップとなる宮本顕治の「敗北の文学」。文学の世界でもマルクス主義全盛の時代だったのです。小林は、ランボーの翻訳を刊行し、昭和五年（一九三〇）から月刊誌『文藝春秋』で文芸時評を連載。このあたりから、日本の文学界を担う若手のトップランナー的な存在になっていきます。昭和六年には鎌倉に引っ越します。鎌倉文士という言葉があるように、川端康成や大岡昇平や吉田健一など、文化人、芸術家が住む町としてのステータスが今でも鎌倉には漂っていますが、そうなったのには小林秀雄の存在が大きいと思います。

この頃、明治大学に文芸科が新設され、小林は講師の職を得ます。私立大学にも文学部系の学部学科が設立され始めた時代で、作家や文芸評論家で大学の先生になる人も増えてきました。戦後まもなく辞めるのですが、小林は教授まで昇進しています。

文壇において地位を確立していくうえで大きかったのは、小林の論争力です。正宗白鳥をはじめとする大家とも、中野重治や戸坂潤といったマルキストとも積極的に議論を戦わせ、あの鋭い舌鋒で、戦歴を積み上げていきます。

世界恐慌、満洲事変、五・一五事件、天皇機関説事件、二・二六事件、日中戦争と、時

代が大きなうねりをなす中で、小林は独自の思想を深めます。『文藝春秋』の特派員として、中国、朝鮮、満洲と訪ね歩いたことも大きかったでしょう。とはいえ、戦争体験や敗戦によっても、小林の思想は変わることなく、昭和二十一年（一九四六）には戦時中に書いた評論集『無常といふ事』を刊行します。昭和二十三年には創元社という出版社の取締役になって、二年後にはここから自分の全集を出す。いわゆる第一次小林秀雄全集です。小林というと高踏的な文学者というイメージもありましょうが、実は非常に生活力のある人で、大学の教師もそうですが、常に何かしらの食い扶持を確保している。これは早くに父を亡くし、家長としての責任を担ってきたことにもよるのでしょう。

　サンフランシスコ講和条約が結ばれた昭和二十六年（一九五一）、小林は四十九歳で、今日出海と欧米へ長期旅行に行って美術批評の着想を得ます。そして昭和四十年、六十三歳で、晩年の大作『本居宣長』に結実する連載をスタート、昭和五十一年に完結をみます。その後も執筆をつづけ、昭和五十八年（一九八三）に死去、八十歳でした。

## 直観で現在を生きる

　では、小林秀雄が何を考えていたのかに迫っていきましょう。

小林の若い頃の文章には面白いもの、味読すべきものがたくさんあるのですが、まずは先にも述べた「志賀直哉」に触れます。小林二十七歳の評論。書き出しからして、まさに売り出し中の批評家らしい切れ味鋭いものです。

〈私にこの小論を書かせるものは此の作者に対する私の敬愛だが、又、騒然と粉飾した今日新時代宣伝者等に対する私の嫌厭でもある。／志賀直哉氏は既に公定の作家であるといふ人々の言葉を、私は少しも信用してゐない〉

志賀直哉は白樺派の代表的な作家で、世間的にも評価が定まっている有名作家だとみんな思っているかもしれないが、私はそんな「世評」など問題にもしていない、というわけです。そして、〈誰がこの独自な個性の軌道を横切らうと努めただらうか。私は全く知らないのである〉と続く。つまり、これまでの志賀直哉論は全て間違っていると断じるのです。

こうした小林の文体に憧れた人は少なくありません。たとえば戦後を代表する音楽評論家、吉田秀和の「ロベルト・シューマン」は、みんなシューマンは偉いと言っているけれど、シューマンのどこが偉いのか説明できているものは誰もいない、だから私が書くのだ、と小林を大いに意識した宣言から始まります。小林より十一歳年下の吉田秀和にとって、小林は挑むべき批評のチャンピオンだったのでしょう。この「ロベルト・シューマン」では三段譜など楽譜も載せられていますが、これも小林の有名な音楽批評『モオツァルト』で一段だけのメロディ譜が引かれているのに対抗したのでしょう。そもそも批評文のなかに五線譜が織り込まれること自体、画期的だったのですが、吉田は「メロディしか分からない人間とは違うんだよ」と言わんばかりにさらにその上を行こうとしたのです。それほど小林の批評は、後進の目標になったのでした。

「志賀直哉」に戻りましょう。見事な始まりに続いて、今度は小林の生涯にわたるテーマがあらわれます。

〈凡《およ》そ論理といふものは、人間の痕跡を持つてゐないものである〉

小林は、文学や芸術を論理というもので批評しようとする態度を疑います。なぜなら、〈世人が論理と呼んでゐるものは、論理そのものではない、論理を馳《ち》駆《く》するに使用する様々な記号、諸映像をいふのである〉、つまり論理ではなく、それに付随するイメージに惑わされているに過ぎない、というのです。

ここで小林が第一に念頭に置いているのはマルクス主義の理論です。マルクス主義的な文芸批評では、作者の家庭環境がどうだった、物語の登場人物の親の給料がどうだったといったことを調べ上げ、当時の経済環境や階級的な立場、社会的な条件などを作品に当てはめて解読していくやり方が、科学的な文芸批評だとされてしまう。これに対して小林秀雄は、そんなことで人間が描かれた文学が分かるわけはないんだと一蹴します。そして一方で、没理論的で私だけが肥大していくような自然主義文学に対しても、距離を持つことを忘れません。

従来の議論では、志賀とよく似たタイプの作家として、しばしばチェーホフが挙げられてきました。それに対しても、小林は、いやチェーホフと志賀は全く違うタイプの作家なのだ、と言い切ります。まずチェーホフについて、小林は〈チエホフは廿七歳で『退屈な話』を書いた時、彼の世界観は固定した。それ以来、死に至る迄《まで》彼の歌ったものは追憶であり挽歌であつた〉と述べます。

『桜の園』も『三人姉妹』も『かもめ』も『ワーニャ伯父さん』も、チェーホフの代表的な戯曲はみんな「昔は良かった」と過去を懐かしみ、今をなかなか受け入れられない人たちの話です。追憶、挽歌、ノスタルジー。私が不幸なのは自分のせいではなくて、今という時代が間違っているのだ。小林は、このような現在を否定する文学を嫌います。懐疑と悔恨の文学は、現在というものを生きていないというのです。

それに対して、志賀直哉の文学は〈少くとも本質的な意味では追憶であつた例はない〉、現在を情熱的に生きようとする〈行為の獲得〉があるとします。

「常に現在を一生懸命生きる」作品の例として論じられるのが、志賀直哉の代表的な短編のひとつ、「清兵衛と瓢簞《ひょうたん》」です。瓢簞集めに熱狂する清兵衛という子どもの話です。いい瓢簞を見つけると、小遣いを取りに家まで走りハアハア赤い顔をしながらお目当てのものを手に入れる。ところが大工の父親に玄能《げんのう》で瓢簞を叩き割られ、ただ青くなって黙ってしまう。これで瓢簞と清兵衛の縁は切れてしまったが、今は絵を描くことに熱を入れている、というだけの話なのですが、ここで描かれているのは、好きで好きでたまらない瓢簞に対して、顔を赤くしたり青くしたり極端な反応をしながら、何でそれが欲しいのか理屈も理由もないままに、ただ刹那的に欲しいと思う気持ちです。「この瓢簞が何の役に立つのか、どこに価値があるのか」と理由や理屈を求めてしまうのは、本質的な生き方から離れてしまっている。何かを好きになるとは、理屈を超えてそれを捕まえにいくことだ、と志賀に仮託して、小林は語ります。

それが成功するにせよ失敗するにせよ、今を一生懸命生きようとし、それに責任を持とうとしている人間を描くから、志賀直哉は凄いのだ、それを誰もわかっていない。「児を盗む話」にしても「和解」にしても、志賀は行為を説明しません。理屈も能書きも書かない。悔恨も懐疑も書かない。常に今現在のみを書く。

このように小林は、文学や芸術とは、今、自分にとって最も大事なものを、間違っていてもいいから直観で把握して、情熱的に向かっていくべきものだ、と考えます。小林の言いたかったことは、ほぼこれに尽きる。後年のベルクソン論も、本居宣長論もモチーフは同じです。理屈というものは人間本来の瞬間瞬間を生きる生命力を削《そ》ぐものである。人間は失敗して退場して再び打席に立って、の繰り返しでいいのだ。直観で生きよと説くのです。

## スピードと健康

理屈を超えて、直観で正しく認識する。そのときに重要なのはスピードです。「志賀直哉」にも〈理智の速度〉という表現が登場しますが、小林はスピードをとても重視した批評家だったといえます。

〈モオツァルトのかなしさは疾走する。涙は追ひつけない〉

『モオツァルト』のあまりにも有名な一節です。小林はモーツァルトの作品に出現するアレグロ、つまり速度の速い箇所にこそ、その魅力があると論じます。

〈涙の裡《うち》に玩弄《がんろう》するには美しすぎる。空の青さや海の匂ひの様に、万葉の歌人が、その使用法をよく知つてゐた「かなし」といふ言葉の様にかなしい。こんなアレグロを書いた音楽家は、モオツァルトの後にも先にもない。まるで歌声の様に、低音部のない彼の短い生涯を駈け抜ける。彼はあせつてもゐないし急いでもゐない。彼の足どりは正確で健康である〉

〈健康〉も小林好みの表現です。瞬間的に今、悲しい、虚しい、そういうことを感じている。さめざめと涙を流すといった、芝居がかった、ロマンティックな情感のプロセスは必要ない。涙がこぼれる前に、走り抜けるように、かなしさがやってくる。それがモーツァルトの音楽であり、真の感情なのだ、というのです。

瓢箪が欲しくて走り出す清兵衛、モーツァルトのアレグロ。理屈で考えるな、直観でつかめ。『燃えよドラゴン』でブルース・リーが口にする有名なセリフ、「Don't think. Feel」（考えるな、感じろ）を連想された方もおられるかもしれません。

# 本居宣長の「速さ」

では本居宣長はどうでしょうか。ご存知の通り、本居宣長は『源氏物語』や『古事記』といった日本の大古典を独特の感性で解釈していった大国学者です。主著『古事記伝』はなんと三十五年もの歳月をかけて書き上げました。むしろ重厚長大そのものではないでしょうか。

たしかに宣長の学問は、日本に連綿と受け継がれてきた、非常に厳密な解釈学や注釈学を踏まえ、先人である契沖《けいちゅう》や賀茂真淵《かものまぶち》のやってきたことを咀嚼《そしゃく》しながら形成されたものです。しかし、その方法や発想の根幹には、とても直観的で理屈を超えた飛躍がある。小林は本居宣長をそう捉えます。

〈宣長は、「源氏」の本質を、「源氏」の原文のうちに、直《じ》かに摑《つか》んだが、その素早い端的な摑み方は、「古事記」の場合でも、全く同じであつた〉

つまり、宣長も、モーツァルトのように「速い」のです。

さらに小林は日本文学に通底する「もののあはれ」に注目します。「もののあはれ」とは、現代人が考えるような、憐《あわ》れみ、悲しみではない、と小林はいいます。「もの」というのは人とか、モノそのもののこと。「あはれ」は心、本当に思っていること。ですから「もののあはれ」というのはその人の本心のことであり、モノと心が無時間のうちに立ち上がり、火花を散らすような状態なのです。

日本人は古来、これを詩歌に託して表現し、理解してきました。たとえば和歌であれば三《み》十《そ》一《ひと》文《も》字《じ》のうちに、恋する気持ち、悲しみ、あるいはそれらの入り混じった、幽玄ともいえる状態をも、パッと表現する。それはどんなに複雑であっても、理屈ではない、説明もしない、心そのものを直観的に、短い音律でスピーディに提示するものです。そして、それを受けて相手もパッと反応する。歌を返す。そうやって古来、日本人は敏感にもののあはれを交わし続けてきたわけです。

小林秀雄はこのように、本質を素早く摑む手つき、いつわりの入り込む暇もない、瞬間瞬間に浮かび上がる真実を重要視し続けるのです。

## 戦争の「新しさ」を直視する

小林は文学や芸術だけを論じてきたわけではありません。政治や社会についても、思うところを率直に書き続けました。なかでも、そのラディカルさが際立つのは、戦争という困難な事態に直面して発表された文章です。

いくつか紹介したいと思いますが、まずは昭和十四年（一九三九）の「学者と官僚」から。国家総動員体制になって、言論統制や統制経済など、官僚たちが国民を縛りつけようとしている、という批判が論壇などで盛んになされているのに対し、小林は、それはそうだが、ことはさほど単純ではない、と言い出します。

〈官僚といふものが、政治の第一線に押し出される様になつたいきさつには、僕等には殆《ほとん》ど分析の不可能な、複雑多岐な生きた社会の動きがある〉としたうえで、批判者たちは〈官僚といふ抽象的な性格が世の中にあるといふ偏見〉を持っている、というのです。

総動員体制で、今まで民間に任せていた細かいことまでを役所が担当することになる。すると官僚たちは理屈では割り切れない現実に直面するだろう。思い描いていたプランは崩壊していき、頭でこしらえた計画だけでは上手くいかないことに気づいていくことだろう。〈彼等は厭でも応でも、これにぶつからねばならぬ。僕はこの事が、行く行くは官僚といふものを救ふと信じてゐる〉と述べて、むしろダメなのは学者のほうだ、と批判するのです。

最近は左傾教授だと大学を追われることを〈学者等の試煉〉と呼んでいるが、世の人たちが、職がなくなるような〈試煉〉に日常的にさらされていることにも気づかないでいる。文学者でさえ、読者に見放されれば食べていけなくなるわけで、多くの読者の厳しい目を意識せざるを得ないのに、学者は読者を持っているわけでもなく、社会にさらされていない、だから現実にぶつかって苦闘することもなく、理屈の世界に安住している、というのです。

　また日中戦争に際して、思うところを述べたのが「事変の新しさ」（一九四〇年）です。まず小林は、この事変は自分たちがこれまで経験したことのない、一種異様な〈新しさ〉を持っている、と述べます。そして〈僕等は、さういふ事件の新しさに対してどうしても平静な心でゐられない〉から〈新しい事件を古く解釈して安心しようとする。これは僕等がみんな知らず知らずのうちにやってゐる〉ことなのだ、として、実はこれが最も危険なのだ、〈僕等の嘗《かつ》ての経験なり知識なり方法なりが、却《かえ》つて新しい事件に関する僕等の判断を誤らせる〉というのです。

　そして小林は日中戦争に重ね合わせるように、豊臣秀吉の朝鮮出兵の失敗を論じます。秀吉は決して耄碌《もうろく》していたのではない、〈彼が計算を誤つたのは、彼が取組んだ事態が、全く新しい事態だつたから〉として、〈朝鮮の役が当時の日本国民にとつて、全く新しい事態であつた様に、今日の僕等にとつて支那事変が、全く新しい性質の事件である事は疑ひのないところです〉と語ります。しかし、いま、提出されている「指導理論」なるものは結局のところ〈既知の理論やら方法やらを新しい事変の解釈に巧みに応用して安心してゐる〉だけではないか、と疑義を呈するのです。理解が難しい、不安をもたらすような〈新しい事態〉を、まずは直視することが重要なのだ、というのが、小林の戦争観でした。理屈で分かった気になることが、それ即ち非常時におけるしくじりとなる。この態度に徹せられなかったから、日本は負けた。小林からすれば、そういうことになるのでしょう。

## 超能力とバランス感覚

わからないものはわからないまま、直視する。目をそらさない。こうした小林の姿勢が徹底したものであることを示すのが、昭和四十九年（一九七四）に鹿児島県霧島で行われた、大学生に向けた講演、「信ずることと知ること」です。

この講演会は、小田村寅二郎という人が設立した国民文化研究会が主催したものでした。小田村寅二郎は長州人で、吉田松陰の妹の曾孫に当たり、戦前から反社会主義の立場で、反戦運動などを展開した人物。弟の小田村四郎は大蔵省に入省、日本銀行の監事などを歴任し、日本会議の副会長にもなりました。

そこで小林はユリ・ゲラーの話を始めるのです。スプーン曲げなどの超能力で一世を風《ふう》靡《び》したあのユリ・ゲラーです。小林は〈僕はああいうことは学生の頃からよく知っていました〉と語りかけます。というのも、大学以来の友人である今日出海の父が心霊学に凝っていて、インドの有名な神秘家クルシナムルテの会に入っていたからです。そして〈世間には、不思議はいくらもあるのですが、現代のインテリは、不思議を不思議とする素直な心を失っています〉というのです。

ここで小林が言及した今日出海、今東光兄弟の父、今武平は日本に神智学を持ち込んだ人物です。神智学というのは、人間は超能力を得て、神になり代われるという思想で、そのための霊的な能力を開発しようとする学問です。十九世紀の後半から二十世紀に至るまで、大きな影響力をもった超人思想のひとつです。神智学のオカルト的な要素を批判して、客観性を持たせようとしたのが、シュタイナー教育で知られるルドルフ・シュタイナーの提唱した人智学です。

なぜ小林は超能力の話をしたのか？　小林は言います。

〈われわれの生活上の殆んどすべての経験は合理的ではないですね。その中に感情も、イマジネーションも、道徳的な経験も、いろんなものが入っています。それを、〔科学は〕合理的経験だけに絞ったのです。だから科学は、人間の広大な経験を、きわめて小さい狭い道の中に押し込めたのです〉

ここで小林はオカルトの思想と接近していますが、その核にあるのは、世界は科学や理論で割り切れないほど広大なものだという考え方でした。だから、科学では説明できない超自然現象も、小林は排除しません。

小林は、ものごとは理屈ではなく直観で判断し、間違えたら絶えず修正していけばいいと考えていました。人は間違える。これは理論や理性を信仰する無謬《むびゅう》主義とは正反対の、保守主義の考え方です。ただし、小林秀雄の保守は、普通の保守とはちょっと違う。そこには天才主義の要素がたぶんに含まれています。小林が取り上げてきたのは、志賀直哉もモーツァルトも本居宣長も、ゴッホもドストエフスキーも、普通の人ではたどりつけない、正しい道に直観で着地できてしまう天才たちでした。

小林秀雄を「教祖の文学」と評したのは、坂口安吾でした。〈美しい「花」がある。「花」の美しさといふ様なものはない〉（「当麻」）という小林の有名なフレーズを引いて、〈私は然《しか》しかういふ気の利いたやうな言ひ方は好きでない。本当は言葉の遊びぢゃないか〉とからみます。それを成り立たせているのは、小林の文章だと喝破します。〈思ふに小林の文章は心眼を狂はせるに妙を得た文章だ〉というわけです。

飛躍も多く、直観に訴える小林の文章は、それ自体が天才主義的です。分かる人には分かる、分からない人には分からない、と突き放した文体で、しかし、小林の説く奥義を知りたくなる魅力がある。

「理論だけでは人間は理解できない」という、私たちが誰でも実感できるところから出発して、直観によって真実に到達してしまう天才の世界を語る。小林の本当の凄さは、このバランス感覚にあるのではないでしょうか。前に小林は生活力が旺盛な人だったと述べましたが、我々が生きている現実世界との距離の取り方が非常にうまい。「上から目線」の権化のように思えますが、一般の読者に対するサービス精神も旺盛なのです。またずっと同じことを言っているから、ひとつがピンとくると、どれを読んでも、小林が分かったような気になれる。それが、小林がいまなお「現役」であり続ける要因ではないかと愚考する次第です。理屈嫌いが天才に憧れる。小林はそういう人を電光石火の早業で捕まえてしまうのです。

## 柳田國男　「飢え」に耐えるための民俗学

日本民俗学の祖ともいうべき柳田國男は、今なお多くのファンを持っていて『遠野物語』『雪国の春』『山の人生』『木綿以前の事』などの著作も読み継がれています。日本中に眠っている昔話や言い伝えを一生懸命集めているおじいさん、というイメージをお持ちの方もいるかもしれません。近代化が進行するなかで、日本の各地で失われつつあった暮らし方、文化、考え方を発掘し、後世に残した人——そんな柳田像は、もちろん間違いではありません。

ですが、ここではそうしたソフトなイメージを壊すような柳田國男についてお話しいたします。キーワードは「貧困」、そして「飢え」です。

柳田はもともとエリート農政官僚として、そのキャリアを重ねていきました。日本の山村漁村に赴いて民話採集をして「古き良き時代」「失われた日本」をレポートにまとめる作業も、官僚時代になされたものが少なくありません。
実は彼の民俗学は、「貧困」「飢え」と深く結びついていると思います。本章では「本当は怖い柳田民俗学」を読み解いていきたいと思います。

## 産業構造の大転換

柳田は明治八年（一八七五）生まれで、これまで取り上げた人物でいうと美濃部達吉、河上肇とだいたい同世代です。しかし、その思想が社会にインパクトを与えていくのは昭和初期から戦後にかけてのことでした。ことに「飢え」という意味では、昭和十年代の危機に応えようとした思想家ということになります。そのため、昭和の初めから活躍した小林秀雄の次に登場してもらいました。

柳田が生まれた明治は、司馬遼太郎のいう「坂の上の雲」に向かって、近代的制度を整え、産業を振興し、軍備も強化して、みんなで頑張ることがテーマでした。この時代のキーワードは「強化」です。

その目標が、日露戦争の勝利で、いちおうは達成され、モラトリアム的な大正期を迎えます。しかし日本人みんなが満足したわけではなく、国内でも様々な対立が出てきます。産業構造も大きく変わります。第一次世界大戦の半ば、日本の第一次産業と第二次産業の生産高が逆転するのです。大正後期になると、第一次産業の生産高が四割、第二次産業が六割とその差は開いていきます。農業の国から製造業の国へという文明の大転換が起きるのです。

昭和に入ると、その危機はますます顕在化していきます。そこで影響力を増していったのが、社会主義、マルクス主義でした。この時期に活躍した河上肇、小林秀雄はいわば危機の時代の思想家だといえます。

そして柳田國男もまた「危機の時代をどう乗り越えるか」という課題に取り組んだ一人だった。そう私は考えています。産業構造が大転換する中で、そこから脱落する多くの人々、特に農業に従事していた人たちが負けて滅んでいく危機が目の前にある。それでも、社会の紐帯《ちゅうたい》を失わずに、混乱や革命もなく、日本を国として維持するにはどんなデザインが必要なのか。これを考え続けたのが柳田國男でした。ノスタルジックな日本を追い求めたように見える民俗学者としての顔の裏には、ドライで冷徹な眼で日本を捉えようとする農政官僚としての顔を持っていたのです。

## 長兄が支えた文化人一家

まず生い立ちからみていきましょう。

明治八年（一八七五）に兵庫県の真ん中、海沿いではなく田園地帯である辻川という場所で八人兄弟の六男として生まれます。お父さんの松岡操はお医者さんで神官も務めていました。柳田はのちに「私の家は日本一小さな家だった」と回想していますが、子だくさんの上に、一時は長男夫婦まで同居していたのですから、たしかに大変な人口密度です。十歳のときに、地元の旧家に預けられますが、明治二十年（一八八七）、長兄の松岡鼎《かなえ》の家に移ります。茨城の北相馬郡です。しかし、柳田は体が悪くて学校に行けませんでした。兵庫からほかの家族も茨城にやってきて、またみんなで暮らすようになります。兵庫時代にも凶作による飢饉を経験している柳田でしたが、茨城でも辛い生活を余儀なくされ、農村の厳しい暮らしが知識ではなく、実体験として記憶に蓄えられていきます。

明治二十三年（一八九〇）には三兄の井上通泰《みちやす》が住む東京の家に同居します。のちに医師で歌人となる通泰は、森鷗外と学生時代からの仲間でした。

貧しいながらも、松岡家は多くの人材を輩出しています。

長兄の松岡鼎も医者でした。苦学して帝国大学医科大学の別課に進学し、卒業後、茨城の布川で開業。そのあと千葉の我孫子《あびこ》に移って、後年は千葉県の医師会会長も務める地域の名士でした。

二兄は若くして亡くなってしまい、三番目の兄が通泰です。やはり医者だった井上家に養子入りし、帝国大学医科大学を正規の学生として卒業して、三高の医学部（岡山大学医学部の前身）の眼科教授になります。その後、東京で開業し、日本を代表する眼科医になる。その一方で早くから和歌、国学研究にいそしみ、宮中顧問官になって明治天皇の御集（和歌集）も編纂します。御歌所《おうたどころ》の寄人《よりゆうど》にもなり、乃木希典《まれすけ》大将の歌の師匠でもありました。

長兄は別課で三兄が正規の学生だったのは、弟の方が勉強ができたからではありません。松岡家はお金のない家だったので、まず長兄が苦学して、弟たちを食わせるために開業医になったのです。

通泰の次の二人の兄も早世し、六男が柳田國男です。弟が二人いて、すぐ下の弟が松岡静雄でした、國男とは三歳違いで、海軍の軍人としてキャリアを積んでいきます。後に詳しく述べますが、静雄は海軍退役後に民族学を研究、多くの業績を残しています。そして末弟が橋本雅邦《がほう》門下の日本画家となった松岡映丘《えいきゅう》（輝夫）。日独伊三国同盟の際に日本を代表する美術品としてムッソリーニに贈られたのが、映丘の絵でした。

柳田國男にもどると、長兄のおかげで國男も開成中学、郁文館中学に進み、一高へ。そして順調に帝国大学法科大学で農政学を勉強します。一方で文芸活動にも勤《いそ》しみ、国木田独歩や田山花袋の仲間になります。田山花袋と一緒に行った伊良湖《いらご》岬でヤシの実を見て、その話を友人の島崎藤村にしたら「椰子の実」という詩になって、昭和に入ってから国民歌謡になって大流行したというエピソードも有名です。

## 官僚のノウハウを民俗学に

明治三十三年（一九〇〇）に帝大を卒業、農商務省農務局に配属されます。その翌年には大審院判事の柳田直平《なおひら》の養子になって、柳田姓を名乗るようになる。明治四十一年（一九〇八）に宮内書記官になったあたりから、九州や四国、遠野などを旅します。明治四十二年、南九州の狩人を取材して『後狩詞記《のちのかりことばのき》』を私家版五十部で出版。柳田國男の民俗学者デビュー作です。翌年に刊行されたのが有名な『遠野物語』でした。その年には内閣書記官記録課長となります。

そしてイギリスの人類学者フレイザーの『金枝篇』を読んで学問のスタイルを身につけ、雑誌『郷土研究』を立ち上げたり、紀州の田辺に南方熊楠《みなかたくまぐす》を訪ねてみたり、民俗学サークルでロシア人の青年学徒ネフスキーと出会ったり、折口信夫《おりくちしのぶ》と出会ったり、と交友を広げ知識もどんどん集積していきます。

大正三年（一九一四）、官僚としては貴族院の書記官長という要職に就き、大正十年（一九二一）には国際連盟の委任統治委員会の委員となりました。この間、台湾、朝鮮、沖縄、奄美、ヨーロッパを巡り、日本の各地にも足繁く通います。

日本に帰ってきてからは官僚を退き、朝日新聞の論説委員をつとめつつ、たくさんの研究会、サークル、雑誌を立ち上げて全国各地に民俗学ネットワークを張り巡らせます。各地の会員、郷土史家から昔話、方言、言い伝えの事例がどんどん集まってくる。それを整理してどんどん本を書きます。

こうした研究システムの構築には、官僚としての経験が色濃く反映していました。というのも、柳田のキャリアを振り返ると、宮内書記官、内閣書記官記録課長、貴族院書記官長といずれも記録の管理にかかわるものです。特に内閣書記官室は、今でいう内閣官房ですから、全省庁の基本的なデータ類、法案、解釈、答弁など様々な文書を集め、まとめて管理するセクションです。その記録課長ですから、まさに国家の書類管理を司る仕事でした。貴族院の書記官長も同様で、貴族院の議事、審議事項に関する資料などを全部集めて記録して、議事録を確定していく。その責任者をやっていたわけです。

　ですから、役人としての柳田の腕のふるいどころは膨大なデータを整理すること、処理することだった。これを民俗学に応用していたのです。日本中から集まってくる情報をどういうふうに仕分けして、どういうふうに整理すれば、効率よく必要なときに材料として引き出せるか、そのノウハウを柳田は役所勤めで学んでいました。

　戦中、柳田はそれまでの著作の復刊も含め、数多くの著書を刊行しています。これは後で詳しく述べます。戦後になると、柳田はそれまであくまで国内だけに限定してきた研究対象を、大きく海外へと広げます。たとえば『海上の道』（一九六一年）は日本に稲が伝わってきたルートを考察したものです。ここで柳田は日本という枠組みを超えて、台湾や東南アジア、南洋諸島に広がる稲作文化圏まで視野に入れます。そして、各地の稲作に関係する民俗儀礼、農耕儀礼を考察することで、それが穀霊を祭祀する神事として皇室に継承されていることを見出します。つまり皇室を、東南アジアから太平洋にわたるグローバルな視点で論じるのです。

それまで比較民俗学の世界では、天皇家は大陸系であるという大陸渡来説が定説となっていました。これは戦前、戦中に、鳥居龍蔵、白鳥庫吉《くらきち》といった人類学者や民族学者が、朝鮮、満洲、中国、シベリアでの調査を行い、日本との共通点を探る学問を発展させた成果によるものです。これらの研究は、日本が朝鮮半島や中国大陸に進出し、韓国併合や満洲国建国を行うなかで、日本人と朝鮮人、満洲族がいかに文化的、言語的に近いかを強調したい政治的目的とも合致するものでした。

この皇室のルーツを北方に求める学説に、柳田は反発しました。天皇が北方から来たのであれば、宮中祭祀に見られる稲作文化との関連はどうやって説明するのか。稲は南からやって来たのだから、天皇のルーツも南方であるはずだ。そう柳田は主張するのです。

『海上の道』で柳田は、あらためて天皇と米を結びつけ、「米の司祭」としての天皇を強調しました。米ある限り、皇室は続く。それが『海上の道』のメッセージです。そして、それが海を介して南方のアジアに広がるヴィジョンを描き出しました。戦後、共産主義者や社会主義者がこぞって天皇制に反対し廃止まで唱えていた時代に、柳田は皇室にあらたな意味を付与しようとしたのです。そして、『海上の道』を刊行した翌年、昭和三十七年（一九六二）、柳田は八十七歳で実り多い生涯を閉じます。

## 小農はもはや救えない

　ここまで柳田の生涯を、官僚と民俗学者、二つの側面から辿ってきました。そこで柳田民俗学の調査・記録管理の手法が、官僚時代に身につけたスキルに通じると述べました。

　では、ここで冒頭に掲げた問いに答えたいと思います。柳田民俗学において、なぜ「飢え」が問題になるのか。それにはまず、柳田が農政官僚時代にどんな問題に取り組んでいたかを検討する必要があります。

　明治三十七年（一九〇四）、柳田は自身の農業政策を示した『中農養成策』を発表します。当時、農商務省には農業政策に対する二つの路線がありました。一つは、化学肥料や科学技術を積極的に用いて生産力を上げていこうとする路線。零細な小農や小作農でも、収量を上げることで、農業生産高は増加し、農業収入も増える。農家の現状を保ちながら、技術の向上で農業の改良を進めていこうという考え方です。

　それに対し、柳田たちは地主と小作人という日本の農業形態を改革しないと抜本的な解決にはならないという立場をとっていました。技術の進歩で収量を上げたところで、その分、市場では供給過剰になって、作物の値段は下がってしまう。かえって貧農はますます貧しくなるだけだというわけです。

柳田の主張は、「中農」を育成すべきだというものでした。小作農を地主体制から解放し、自作農化させる国策を取ったとしても、土地が小さいままなら凶作ですぐに倒れ、豊作でも農産品価格の下落でダメになる。小農の慢性的な貧困状態は解決できない。ならばどんどん農地を開拓すればいいかと言えば、日本の農地には限りがある。こう考えた時に、結論としては農民の戸数、農業人口を減らすしかない。

〈ある種の製造にして少しく繁栄を告ぐればたちまち労銀の騰貴を愁《うれ》う、これその一証なり。これに反して農事にありては資本大いに足らずして労働過剰あり。自由貿易派の説に従いてこれを自然に放任するも労働者は転移すべく、もしこれに対して国の行為を立ち入らしむとせば、むしろ適度の転移を慫慂《しょうよう》すべき時なり。語を換えて言わばこれ機運なり〉

いま日本の農業は労働力過多の状態にある。中途半端な農業の保護はやめて、自由貿易にすれば、やがて立ち行かなくなった小農は、他の産業に移らざるを得ない。国は農業を保護するよりも、その転業を支援することのほうが、かえって農民のためなのだ、と説くのです。そうすれば、破産した小農の土地を買って農地を拡大し、うまくやっていく中農が自然と出てくるはずだ。だから国がいちいち中農を育てるなどと細々《こまごま》言うよりも、なるべく自然のままに任せた方がコストもかからないというわけです。これが全国の農家を精力的に調査し、実態を見つめた上での、農政官僚柳田の到達した結論でした。ある意味で、ＴＰＰ交渉を主導し、自由化路線をひた走る現代日本の農業政策を百二十年も先取りしていたようにも思えます。

　これは柳田の変わらぬ持論でした。『中農養成策』から二十六年後の昭和五年（一九三〇）、朝日新聞の論説委員になったあとでも、同様の趣旨の論説を書いています。当時、西日本で繭《まゆ》、蚕《かいこ》の糸の価格が暴落して恐慌状態に陥った時に書かれた「蚕糸政策と政友会」がそれです。このとき蚕糸の大暴落は、中国地方の農村から村長などが東京に押しかけて、その悲惨な状況を陳情するほどでした。さらには東北での大凶作ともあいまって、農村の女性が身売りするなど、後の二・二六事件にまでつながっていくような大きな出来事だったのです。当時の政府は、蚕糸農家を助ける目的で、国費でどんどん救援金を送り、そのための法案も次々と成立させていきます。これを柳田はそんなことをしても無駄であると批判したのです。多少のお金をもらったところで、もう養蚕業に未来はない。立て直しなんかできないんだから、淘汰されるべき零細農家は滅びるに任せれば良いのだと書いている。柳田の姿勢は一貫しているのです。

## 柳田民俗学の原点

農政官僚として、柳田が直面した危機とは、第一次産業の衰退、そして零細農民の破綻でした。それに対して、農業人口を持続可能なラインまで減らすために、どうやったら農民や漁民たちに土地を捨て、漁場を捨てて、次の時代へ移行してもらえるか。これが柳田の官僚としてのテーマだったのです。

しかしこの問題に、どうして民俗学が関わってくるのでしょうか。

昭和二十二年（一九四七）、戦後民主主義における社会科教育をどのように構想するか、という座談会に参加した柳田の発言を見てみましょう。

〈一番初めに困ったことはいまだに記憶しておりますが、若いときに家内がひどい腸チブスをやりまして、お医者がだめだと言って、私は枕もとに幾日も幾日も寝ておって、ほとんど百計がつきてしまった。そのときにぱっと思ったのです。古人はこういう場合にどうしたろうか、と思ったときに、信心以外にほとんど救済の途はないのだが、どうしてもできない。どうしてできないのだろうということを考えて、学問しなければいかぬ。歴史の学問をしなければいかぬということを考えた〉

妻が医者にも見放され、万策尽きたときに、柳田は「昔の人だったらどうしただろう」と、何かにすがるようにして思いを馳《は》せた。それが柳田の学問の原点だったと告白しているのです。

また回想録『故郷七十年』では、こうも語っています。

〈饑饉といえば、私自身もその惨事にあった経験がある。その経験が、私を民俗学の研究に導いた一つの理由ともいえるのであって、饑饉を絶滅しなければならないという気持が、私をこの学問にかり立て、かつ農商務省に入る動機にもなったのであった〉

柳田は全国の農家の現状を調査すると同時に、過去にも遡《さかのぼ》って、解決策を見出そうとしました。しかし、ある程度まで遡ると、それ以上は文字による記録は残っていません。そこで柳田は口承伝承のなかに、農漁村の過去のケーススタディを求めたのです。

柳田にとって、日本の隅々に伝わる伝承を集めることは、すなわち「日本人の諦め方」「不条理に耐えていく知恵」の採集と分析でした。それは柳田の民俗学調査が、しばしば飢饉に見舞われる貧しい地域を対象にしていたことからもわかります。『後狩詞記』では南九州の山奥の狩人の貧しい暮らしを調べにいく。『雪国の春』（一九二八年）ではしょっちゅう冷害でひどい目に遭っている東北の農民を取材する。日本の農民はいかにして、困窮を極めた生活に耐えてきたのか。それは柳田の言葉で言えば「常民」の知恵なわけです。これが説話集として結晶したのが『遠野物語』でした。座敷童子がいたときは、あの家は繁栄していたけれども、童子がどこかへ消えたら急に没落してしまった——こうした伝承から柳田が読み取ったのは、不条理な不幸や困難を何とか合理化して自らを納得させるために、物語を生み出し、それを共有してきた日本人の営みでした。

そして柳田は、どの程度の痛みであれば、妖怪や自然現象といった人知を超えた何ものかによる不条理なのだと納得してくれるかを見極めようとしていた。こうした民俗文化はけっして過去のものではなく、今、まさにリアルタイムに起きている苦難を乗り越えるためにも役立つに違いない。そう柳田は考えたのです。いわば柳田は日本人が耐えうる不幸の限界を探っていたのではないでしょうか。

たとえば『山の人生』（一九二六年）では、こんなエピソードを紹介しています。〈三十年あまり前、世間のひどく不景気であった年に、西美濃の山の中で炭を焼く五十ばかりの男が、子供を二人まで、鉞《まさかり》で斫《き》り殺したことがあった〉。あるとき、炭が全く売れず、何度、男が里に下りても一合の米すら買えないでいた。すると、子どもたちが大きな斧を磨き、〈阿爺《おとう》、これでわしたちを殺してくれといったそうである。そうして入口の材木を枕にして、二人ながら仰向けに寝たそうである〉。これを柳田は〈偉大なる人間苦の記録〉と評しています。

柳田はリアリストでした。農政官僚として、食い詰めた農民を失業保険的なもので手当てしても、根本的に救ってあげることは無理であることが痛いほど分かっていた。もう国や社会では面倒を見られない。だから、家族で勝手にやってくれ、個人で勝手にやってくれ。まさに新自由主義的な発想、公助なき自助の世界です。ただし、ある限度を超えれば農民暴動や社会主義革命が起きてしまう。そうならないギリギリのラインを探る作業が、柳田の民俗学の根幹にありました。近代日本が直面した農業社会の崩壊という危機に冷徹に対応した思想家こそが柳田國男だったのです。

## 戦時下での耐乏研究

こうした柳田の姿勢は、日本国民全体の苦難である戦争に際しても一貫しています。

古来の女性の力を論じた『妹《いも》の力』。これは昭和十五年（一九四〇）に書かれた本です。

この本で柳田が論じているのは、おおよそ次のような内容です。――日本では農村でも漁村でも、古代中世から近世に至るまで女性が働く場がたくさんあった。それが近代にあっていつしか伝統が薄らいでしまった。いま、ふたたび女性が社会で働く時代がやってきた。「妹の力」が復活するときなのだ――。これは、女性も子どもも労働力として戦争に駆り出される国家総動員体制の中で書かれました。民俗学を国策の正当化に使ったわけです。『こども風土記』（一九四二年）と『村と学童』（一九四五年）は、子どもの疎開や耐久力について説いた本です。食糧事情が切迫するなか、そもそも三食ではなく二食食べるのが日本の伝統だと説いてみたり、貧しい時代の農村の子どもの暮らしの方がかえって良かったと礼賛したりする。戦争が強《し》いる子どもの困窮を正当化するような言説です。

そして戦後まもなくに刊行された『先祖の話』（一九四六年）は、身近に死者が出た時に、どういうふうに供養して我慢してきたかを書いた本です。当然、戦死者や空襲などでの死者を想定して、慰霊を論じつつ、国家や社会への怒りが暴発しないように蓋をする議論を、柳田は展開しています。民衆の草の根的な知恵、言い伝えを掘り起こす柳田民俗学は、国家が要請する耐乏イデオロギーの側面ももっていたのです。

## 南方への視線

こうして見ると柳田の民俗学は、小さな日本の貧しさに立脚し、貧しさに寄り添い、貧しさを甘受するための研究だったといえます。ところが、柳田の身近には、まったく対照的な民族学研究を続けた人物がおりました。前に述べた弟の松岡静雄です。彼の経歴がまた面白い。海軍に入った松岡は、日露戦争の際には軍艦「千代田」の航海長として、開戦の先陣を切る、仁川沖の海戦に臨んでいます。東郷平八郎の覚えめでたく軍令部の参謀になり、第一次世界大戦前のウィーンで駐在武官をつとめ、帰国後は太平洋のドイツ植民地の島々を接収する係となります。いかにも海軍らしい快男子が思い浮かぶキャリアです。美食家でオペラも好きで、大変優雅な生活を送っていたわけなんですが、海軍大佐で退役後は兄に対抗するかのように民族学を志すようになる。『ミクロネシア民族誌』、『日本固有民族信仰』、『紀記論究』、『民族学より見たる東歌と防人歌』といった研究書から『椰子栽培法』（訳書）という本まで約五十点に及ぶ著作を残しています。

　何が柳田と対照的なのかというと、松岡の研究は、つねに豊かさを求めた民族学だったことです。南方に日本が広がることによって、労働力を吸収する場所が広がり、産業が発展して豊かになる。そのためには南方の民族を知っておく必要がある、というのが松岡民族学の出発点でした。松岡の研究はまさに視野の広いもので、たとえば、日本の言語、民族、文化を論じても、南方との比較によって、太平洋世界のなかで、日本を再定義するような方向性をもっていました。『万葉集』や記紀神話を論じても、突然ページにハングルが出てきたり、太平洋の島々の語彙と結びつけて高天原《たかまがはら》や出雲伝説を解釈しようとしたり。大東亜共栄圏的に日本の支配を押し付けるのではなく、日本をよりオープンな世界に接合するようなヴィジョンが、松岡民族学からは感じられます。

閉じられた世界でなんとか持続可能性を模索する兄、柳田國男と、アジア太平洋の開放系のなかで、より豊かになる未来を語る弟、松岡静雄。両者はとことん対照的にみえますが、実は通じるところもあったように思えます。大正七年（一九一八）、松岡は海軍を退役して日蘭通交調査会を設立します。オランダ領のインドネシアエリアに日本が進出するための民族学的、言語学的知識を調査する機関でしたが、実はこの設立に柳田も関与しているのです。

そして柳田は晩年、『海上の道』を書いて、はじめて日本の枠組みを超えて、南洋への関心を見せる。この兄弟は、まったく違った方向性を持っているようにみえて、二人で一つの日本を描いていた。兄の酷薄なリアリズムと弟の茫洋としたロマンの二面性があってこその一つの日本。そういうことではありますまいか。

# 西田幾多郎　この世界のすべてに意味はある

「純粋経験」、「絶対矛盾的自己同一」、「絶対無」——。西田哲学のキーワードを並べると難解というイメージしか湧いてこないかもしれません。でも、いきなり申しますが、そんなに難しくもないのですよ。そう思わないと読めません。難しいと思えば難しい。簡単と思えば簡単だ。そういうものです。たとえば、西田は人間の意識を絶対無ととらえる。絶対無とは、いついかなる場合でも有にならないから絶対的に無だということで絶対無なのです。

では有とは何か。何かがあるのは有で、何もないのが無だと言っているわけではありません。定まったかたちが有るのが有で、定まったかたちの無いの

が無でしょう。人間の意識は時々刻々変転して、今、やろうとしたことも次の瞬間に忘れて、何だっけ、となる。我々が日常で常に経験していることではないですか。つまり、常に無なのです。有のつもりのことも片っ端から忘れてまた思い出しての繰り返しですから。

大事なことがそのときどきにある。人生がかかっていることもある。でも、そのことを二十四時間ひと時も忘れずに考えている人がありますか。そんな人は絶対にいません。大事なことすら別の考え事をしていたり、ふっと我を忘れたりしている時には無くなっている。そんな人間のどこに有があるのでしょうか。人間は存在しているだろうけれど。つまり実存としては無いとは言えないけれど、中身が有なんてことはどこまで行ってもない。だから生涯、ただ無としてある。そういう人間の特に精神と言いますか、心と言いますか、それは絶対に絶対無です。生まれた瞬間から死ぬ瞬間まで、神を思い、母を思い、恋人を思い、子を思う人があったとすれば、これは絶対有かもしれない。しかし、たとえそうだとしても、人間には寿命がある。生死があって、しかもいつも同じ意識を保つことはあり得ない。これは単なる無ではない。無の状態を絶対的に免れえないのだから絶対無ですよ。そう考えれば、絶対無なんて当たり前のことを言っているにすぎないでしょう。

あるいはたとえば絶対矛盾的自己同一も当たり前のことを言っているに過ぎないのでは

ありませんか。人間は生き物で血液もいつも流れているし、その意味で時間的流体ですね。しかし空間がないと生き物として居られませんから、空間的存在でもある。空間と時間はそれを抽象的に考えれば、完全に別物でしょう。純粋な空間に時間の入り込む余地はないし、純粋な時間は空間を抜きに措定できるから純粋な時間だ。ところが人間というか知恵ある生き物は、おのれの意識の中で時間と空間を一緒に出来るから生きていられる。時間的存在だからお腹が一杯になったり、空いたりするし、空間的存在だから食べ物、餌を空間の中に発見できる。当たり前すぎて混乱する話ですが、要するに時間と空間という絶対に矛盾する、概念として決して交じるはずのないものが交じって自己同一するから人間は生きて居られる。つまるところ、人間の生とはすなわち絶対矛盾的自己同一である。

西田の哲学はわれわれの普通の日常のことでだいたい判ることだ。それを哲学として厳密に言おうとするから西田語になって難しい気もするのですが、優しいことを厳密に言おうとして難しくなって、それは根底に於いてはどこまでもやさしいのだから、やさしさと難しさという正反対のものが対応している。反対のものが対応しているのを西田語で「逆対応」と言います。やさしいから難しいし、難しいからやさしいのだ。西田の哲学は多くの場合、そういう循環論法で出来ているのでしょう。確かに難しいのだけれど、実はやさしいし、本当にやさしいことをきちんと表現しようとすれば難しくなる。哲学は概してそういうものでしょうし、西田はとりわけそうなのです。難と易が無限に背中合わせなのです。

と、いきなり訳の分からないことを長々と申してしまいました。こんな切り出し方になってしまったということは、わたくしがやはり西田に身構えるところがあるからでありましょう。とにかく近代日本を代表する哲学者といえば、西田幾多郎です。『善の研究』（一九一一）で近代日本初のオリジナルな哲学を打ち立てたと、紀《き》平正美《ひらただよし》らに評価されて以来、圧倒的にユニークなやり方で、当たり前を当たり前でなくし、当たり前でないことを当たり前にする哲学者として、吾々の足元を揺らしてやまない思想家になりました。

西田の思想は次世代を魅了しました。田邊元《はじめ》は西田に影響されながら、それを超克しようとして、その過程が田邊哲学を生んだというような人ですし、西田の直弟子としては、三木清、戸坂潤、西谷啓治《にしたにけいじ》、高坂正顕《こうさかまさあき》、高山岩男《こうやまいわお》等々、大勢を数え上げることができます。この西田人脈を京都学派とも呼ぶわけですが、京都学派で日本の近代、特に昭和はかなり語れてしまうところがあります。しかも右から左までです。また、西田個人の思想が戦争の時代に「大東亜共栄圏」の理論的支柱にならないかと期待されもしました。

西田は明治三年（一八七〇）の生まれで、岡倉天心の七歳下、美濃部達吉（明治六年生まれ）、柳田國男（明治八年生まれ）、北一輝（明治十六年生まれ）よりも年上というれっきとした明治人なのですが、その影響の度合いは、明治・大正・昭和を貫いているし、とりわけ昭和を語るにはおさえねばならないと思います。そこで本書はこの順番で西田とさせていただきました。「昭和の思想家」として、小林秀雄と並べてもおかしくない。なぜなら西田には超近代性があるのですね。

人間が理性なら理性を保って一貫していると考えたいのが、啓蒙思想以来の西洋近代の思想で、そこに信を置けるから、福沢諭吉の独立自尊も美濃部達吉のデモクラシーも北一輝の超人思想も出てくる。でも、西田にとって人間とはそんなにしっかりしたイメージではとらえられない。常時、型崩れして、変転して、極端に言うとなにも保たれ得ないのがひとつの前提にすらなっているのではないでしょうか。これは超近代であり、平時なら煩悶の哲学、非常時なら動態の哲学に、やはり見合ってくる。煩悶や動態を受け止める構えを提供する哲学なのです。しかも人間はこんなに偉いと夜郎自大化させるようなおごり高ぶる契機をほとんど全く提供せずにです。これはもうやはり超近代なのです。人間なんてなんぼのものか。そこを錯覚した西洋近代には重大な責任がある。日本が新しい哲学を示して驕《おご》った人間の世を立て替えねばなるまい。昭和の激動期に西田の弟子たちが思想の第一線で活躍したのも、むべなるかな、です。

## 没落と闘病の回り道

ここでようやくですが、西田の生い立ちを見ていきましょう。

西田幾多郎は明治三年（一八七〇）、石川県河北郡宇《う》ノ気《け》村（現在のかほく市）で生まれました。金沢から北に二十キロくらい、能登半島の付け根あたりにある村で、安藤忠雄が設計した「西田幾多郎記念哲学館」があります。西田はこの加賀の国と能登の国にまたがる辺りの資産家の家で育ちます。地元の小学校を卒業しますが、この学校は西田家が私産を投じて開いた学校でした。明治政府は当時、全国各地に教育投資できるようなお金を持っておらず、どんどん民間に学校を作らせていました。そういう時流の中で西田家も自分の土地や建物を小学校にしたわけです。それほどの豪農の家でしたが、近代化の荒波の中で、次第に没落してしまう。

それでも子どもを立身出世させようと一家で金沢に移って、西田は石川県の師範学校に入りますが、入学の年にお姉さんを亡くし、西田本人も次の年に腸チフスを患って病気退校を余儀なくされます。

　明治十九年（一八八六）に石川県専門学校付属初等中学科二年に編入学すると、この学校が第四高等中学校（のちの四高）に改称され、西田は予科に入ります。同学年には、禅思想家にして実践家として知られる鈴木大拙《だいせつ》がいました。ところが、西田は学校生活を続けられずここも退学。さらには眼病も患ってしまう。中途退学したために大学入学資格を得られず、帝国大学には正式な身分ではなく、選科生として文科大学の哲学科に入ります。明治二十四年（一八九一）のことでした。前にも述べましたが、明治十年（一八七七）に創設された東京大学は、明治十九年（一八八六）に帝国大学となり、明治三十年（一八九七）に京都帝国大学ができたために、東京帝国大学となります。そして戦後の昭和二十二年（一九四七）からまた東京大学となる。西田は東京の帝大に進んだわけです。帝国大学の学生ですから、知的エリートであることは間違いありませんが、選科生は卒業しても学士の資格がもらえないといった、差別的な待遇も受ける。正規の学生（正科生）に比べれば、西田はとても肩身の狭い境遇に置かれていました。

　地方の有力者の家で生まれ育ったが、実家が没落し、自分も病気で学歴をストレートに歩めない。こうした経歴は、北一輝のそれを思わせるところがあります。佐渡と石川県も近いではないですか。北は超人的な強さを目指し、西田は弱くて筋の通らない人間を正当化する、これまた普通の人間観を超えた、一種の超人間思想を生み出す。そこも似ていませんか。

さて、帝大を出れば学校の先生になれる道など簡単に開けそうなものですが、選科であったために、明治二十八年（一八九五）、地元の金沢に戻ってようやく能登尋常中学校七尾分校の教諭に就くことになります。この年に結婚。翌年、ついに母校四高の講師になるのですが、次の年にこれを突然辞めてしまい、長州の山口高校の教授になったかと思うと、また金沢に戻ってきて、四高教授として心理や論理、倫理を教えるようになります。

この時期は、西田にとって大変な人生の危機でした。父親を亡くし、日露戦争で弟を亡くします。長女、長男、二男、二女、三女が生まれ、二女が幼くして亡くなります。その下に、双子の女の子に恵まれますが、その一人が生まれてすぐ亡くなってしまう。西田自身も大病に襲われます。家庭でもうまくいかないことが生じてくる。

ここまでが『善の研究』を著す前の西田幾多郎です。順風満帆からはほど遠い。病気がちで、選科出身というコンプレックスが西田の人生に与えた煩悶はかなりのものです。そんな西田が没頭したのは禅でした。同郷の鈴木大拙の影響もあり、悩みを振り払おうと、学生時代から禅に打ち込む生活を送り続けます。『善の研究』を刊行したのは四十一歳のときで、明治時代の感覚からすればもうお年寄りの部類です。明治四十四年（一九一一）、金沢から東京での職を求めて上京して学習院の教授となり、それから京都帝国大学に移って倫理学の助教授として教壇に立っていた頃に、ようやくまとまったのが『善の研究』でした。この本が売れに売れ、読まれに読まれ、ロングセラーとなり、大正期の旧制高校生にとっては阿部次郎の『三太郎の日記』と並ぶバイブルとなります。

キャリアとしては、明治の感覚でいうと、二十年くらい遅れをとっていることになりましょう。たとえば前に紹介した岡倉天心。彼は大学を卒業すると、すぐに文部省に入り、二十代で東京美術学校や後の東京音楽学校を運営する立場になっています。柳田國男も、帝大卒業後すぐに農商務省でバリバリ働き、三十九歳のときには貴族院書記官長を務めていました。これが明治のエリート官僚の姿でした。西田が京都帝国大学の宗教学担当教授に就任し、ようやく納得できるポジションを得ることができたのは四十三歳でしたから、くり返しますが、あまりに遅咲きだったのです。

その後も西田の不幸は続きます。母が亡くなり、長男が亡くなり、妻も亡くす。さらに四女にも先立たれ、西田自身の死の直前に長女も他界しています。

京都帝大には都合十八年ほど勤めて、昭和三年（一九二八）、定年で退官します。このとき、西田は「或教授の退職の辞」という文章を残していますが、〈当時の選科生というものは惨《み》じめなものであった、私は何だか人生の落伍者となったように感じた〉、〈近来はしばしば、家庭の不幸に遇い、心身共に銷磨《しょうま》して、成すべきことも成さず、尽くすべきことも尽くさなかった〉と切実な回想が綴られています。

その後、鎌倉と京都の二重生活を送るようになり、昭和六年（一九三一）に再婚しました。皇紀二六〇〇年の昭和十五年（一九四〇）には、研究者として国からの最高の評価といえる文化勲章を受章します。そして昭和二十年（一九四五）六月七日に、日本の敗戦を見ることなく、鎌倉で没しました。七十五歳でした。

## 悲しみからの出発

ここまで西田の生涯を振り返って、不遇や身内の不幸についても着目してきました。それは西田の思想を考える上でも、こうした悲しみ、不幸である自覚が、とても重要だからです。西田の哲学を一言でいうなら「うまくいっていない人間にも生きる意味はある」。

難解な概念や論理を取り払って、彼が本当に言いたかったことを突き詰めるなら、ここにたどり着くと考えます。

それをアンチ進歩思想、反進化思想と言い換えても良いでしょう。近代西洋思想はもちろん、西洋思想を輸入する形で発展してきた日本近代思想も、その根本には、人間は必ず進歩するという、いわば右肩上がりの考え方があります。

たとえば吉田松陰は教育を施していけば人間はどんどん立派になって、日本が発展するような人材がたくさん輩出すると考えました。福沢諭吉はお金儲けをする経済人をどんどん作って、日本が豊かになることで真の独立、自立を実現できるという思想を掲げました。岡倉天心はアジアの価値に目覚めれば、日本は世界の中で独自の文明を主張していくことができると説きます。北一輝は進化論を応用し、日本人が強力な存在になって世界の競争を勝ち抜いていくことで最後の覇者になれるという思想を提示した。美濃部達吉はデモクラシーで、和辻哲郎は間柄という日本人ならではの倫理観を高めていくことで、河上肇は社会主義で、それぞれ日本が良くなっていくと考えた。これまで取り上げた思想家たちの多くは右肩上がりの思想を持っていたわけです。

近代西洋思想も同じです。カントの道徳律、ヘーゲルの世界精神、マルクスの共産主義は、いずれも人類が将来到達すべき高みを掲げ、そこに至る道筋を考察しています。そもそも西洋のもたらした近代そのものが、進歩、拡大、強化、増殖を基調とした時代だったわけです。

こうした右肩上がりの思想潮流の中で、西田は疎外感を抱きました。そして、自分みたいな煩悶や悲しみを抱えた「はみ出し者」だって生きている意味があると言えるような、強固な思想を組み立てたいと考えたのです。その原点をよく示している文章を紹介します。明治四十年（一九〇七）に書かれた「『国文学史講話』の序」という文章です。

これは四高で一緒だった友人の藤岡作太郎が書いた『国文学史講話』という本のために書かれたものですが、普通、序文というのは、先生や友人に「この本はこういうところが素晴らしい」という推薦文を書いてもらうものですね。ところが、この序文は全然普通の「序文」ではないのです。冒頭から、西田は、明治三十七年（一九〇四）の夏、藤岡作太郎が家族を連れて金沢に帰ってきたときのことを回想します。

〈君には光子という女の児があった。愛らしい生々した子であったが、昨年の夏、君が小田原の寓居の中に意外にもこの子を失われたので、余は前年旅順において戦死せる余の弟のことなど思い浮かべて、力を尽くして君を慰めた〉〈誠というものは言語に表わし得べ

きものでない、言語に表し得べきものはすべて浅薄である、虚偽である〉

　そして、これを書いている今年の一月、自分は数えで六つになったばかりの二女を失い、君から慰められる身となった、と続きます。こうして西田は、友人の不幸を思い出しながら、自らに降りかかった不幸を切々と書いていく。〈悲哀〉〈沈痛〉〈断腸の思い〉〈人生の常事であっても、悲しいことは悲しい〉といった言葉をちりばめながら、身内との死別の悲しさを書き連ねていきます。その上で次のように記すのです。

〈物窮まれば転ず、親が子の死を悲しむというごときやる瀬なき悲哀悔恨は、おのずから人心を転じて、何らかの慰安の途を求めしめるのである〉

　要するに、ひたすらに悲しいと思っているが、それを悲しいと思い詰めていくなかで、たとえば祈りたいとか、立派なお墓を建てたいとか、何か楽しかった昔の思い出を回想して、その楽しかった思い出に気持ちが和らぐのを感じるといった具合で、悲しみは自ずと転換していく、と西田は述べます。気持ちを切り換えなくては、と意識的に思わなくても、必ず悲しみは慰安の道、慰めの道に通じていくのだと。これを後期の西田は、「逆対応」という概念として追求していきます。つまり、悲しみの底には必ず慰め、喜びがあるように、主観と客観、個人と全体、善と悪など、反対だと思っているものは必ずセットになって現れてくるというのです。

私たちは悲哀から慰めへ転じるには、ある程度の時間が必要だろうと感じています。しかし西田はその時間感覚をギュッと縮めて、実は悲しみと慰め、あるいは喜びは同時に存在すると説きます。なぜならば、悲しみを覚えるということは同時に、正反対の喜びを知っているからだ。なぜ自分は子を亡くしてこんなに嘆くのか。それは、その子が元気だったときの思い出が同時にあるからだと考えるのです。

## 「純粋経験」と充実した人生

この論理を展開したのが『善の研究』でした。特に多くの読者を魅了したのは、第一編で論じた「純粋経験」という考え方です。これはアメリカのウィリアム・ジェームズの『心理学』にある「直接経験」をそのまま頂いているだけではないかとあげつらう人もいましたが、西田は自分の体験をみつめるなかで、彼なりの思索と表現によってこの「純粋経験」に至ったといえるでしょう。

では、「純粋経験」とは何か。『善の研究』にはこうあります。〈経験するというのは事実そのままに知るの意である〉、つまり、身体的に経験することと、頭で知ることは一緒であると。「経験すること」と「知ること」を分けてはならないというのです。

野球の話にたとえてみましょうか。名選手がバットを振ってヒットを放つ。その凄さについて、フォームや動体視力や配球を読むことなど、とにかくいろいろな観点から分析がなされます。このようにひとつの行為や起きていることをバラバラに分節して、理屈で再構成するようなアプローチが、哲学でいう「主知主義」ですが、西田はそれを批判するのです。

優れたバッターが打席に立ち、ボールをバットに当てる、まさにその時には、さまざまな分析ではなく、それまでの経験に即した瞬間的な動きしかないはずです。それが西田のいう「純粋経験」です。これを西田流にいうと、野球の試合という「外部の環境」があり、そこにはスタジアムとかボールやバットといった「客観的な世界」がある。そして、イチローでも大谷翔平でも、名バッターという「主体」があって、イチローの「主観的な世界」がある。それらすべての「相互作用」としてヒットが生まれる。

純粋経験とは〈まったく自己の細工を棄てて、事実に従うて知る〉ことだと西田はいいます。理屈で分析できないことを、瞬間的に把握して知っているのが人間なのだ、だから、そのときその瞬間に自ずから反応する動き、感覚、その充実感という事実に従えばいい、というわけです。

この「純粋経験」は、何も天才的なスポーツ選手だけが辿り着けるものではありません。西田は、誰もがかつてそうであった赤ん坊こそ、純粋経験を体現していると説明します。赤ちゃんには理屈も何もない。泣きたいときは泣くし、笑いたいときは笑う。考えていることとやることが完全に一体化している。

思いと動きが一体化している状態においては、いろいろな作為や、悲しい、嬉しいといった感情さえ忘れていることが往々にしてあります。西田は、それを無心になるという禅の境地と結びつけます。純粋経験は、無の境地につながります。

こうして西田は、どんな人間にも、その瞬間瞬間に充実感をもたらす純粋経験があるのだと論じます。それは喜びとか悲しみといったレッテルをつけられないもので、どんな人にもトータルでしか把握しようのない充実した人生があると説くのです。

## 絶対矛盾的自己同一

西田は、自分はなぜこんなに嘆くのだろうという思いを起点として、「悲しみを克服しよう」とする強い意志から、その哲学を出発させます。そして、喜びと悲しみが同時に存在し、知ることと経験することが不可分なままの純粋経験を生きていくのが人間である、という認識に辿りつきます。それは独自の時間論に発展します。

純粋経験においては、過去も現在も未来も同時に存在しています。西田はこの独特の時間論を「絶対矛盾的自己同一」という言葉で説明しようとしました。

西田は「絶対矛盾的自己同一」（一九三九年）という文章で、こう表現しています。

〈現在を単に瞬間的として連続的直線の一点と考えるならば、現在というものはなく、したがってまた時というものはない。過去は現在において過ぎ去ったものでありながら未だ過ぎ去らないものであり、未来は未だ来らざるものであるが現在において既に現れているものであり、現在の矛盾的自己同一として過去と未来とが対立し、時というものが成立するのである。而してそれが矛盾的自己同一なるがゆえに、時は過去から未来へ、作られたものから作るものへと、無限に動いて行くのである〉

我々は普通、時間というものを、過去があって、現在があって、未来があると考えています。しかし、人間にとって過去というものは、十年前はこんなことがあって辛かったな、一昨日は何をしていたっけ、というふうに、常にそれを思い出している今現在において、立ち現れてくる。過去というのは、思い出すという行為をおこなっている私の意識に、現在進行形で蘇ってくるものなのです。未来もまた同じです。明日何食べよう、一年後には仕事を辞めたい、三十年後の日本はどうなっているのだろうというのは、あくまでも想像している現在の私の意識にしか存在しません。

西田は講演「学問的方法」（一九三七年）のなかでこう述べています。〈時というものは単に過去から未来へ直線的に動き行くものではない。それだけでは時の自己同一はない。時は直線的なると共に円環的でなければならない〉。つまり、過去・現在・未来は円環をなしている。私というものが考え、意識し、感じることのできる今現在においてしか、過去も未来も存在しない。現在という点が、過去に作られたものから、これからの未来に作るものへ動いていく。過去と未来という相反する、絶対に結びつかないものが、現在において同一化するから、絶対矛盾的自己同一なのです。

近代西洋の進歩思想とは、いまここにないもの、足りないものを、時間的な未来において獲得しようという考え方です。未来に値打ちがある。それに対して、西田は、常に現在を考える。そして確実に進歩するなんて決して考えない。どうなるかは分かりはしない。進歩の保証も退歩の保証もない。ただあらゆる可能性を保持しつつ、煩悶したり、安心したり、無心になったりする現在があるのみ。そう思ってこそ万人の生に値打ちも出てくる。

戦争に勝ったり、他国を支配したり、成功して偉ぶっている国や人間がだからどうしたというのだ。西田はこのようなまったく別の世界観を提示して、近代の常識を超克しているのです。

西田はまた「世の中に正答はない」し、「世の中に解決ということはない」とも説きました。生きるということは、選択と決断の連続ですが、その道を選んだ結果はどんなものであれ意味がある。後悔することはあるが、そこには正解も誤りもない。だから、解決もない。生きるとは、そのゴールのない現在の連続なのだ、と考えるのです。

戦時中、西田はこれを日本人論に応用しました。講演「日本文化の問題」（一九四〇年）です。

ここで西田は、日本文化は〈形のない文化〉と規定し、〈悪くいえば自分のものを有《も》たないという弱点がある。何か内容にあらわそうとするとシンボルのようなものになり、無内容とな〉ると論じます。しかし、これは日本文化を否定しているのではありません。

〈だからこれまでいろいろの外国文化を採り入れて来た。こちらに固定した文化を有っていれば他の文化を自分の文化にするか、他の文化から壊されるかのどちらかであるが、日本文化は次々に外国文化をそのまま採り入れて自分がまた変わって行くところに特長を有ち、種々な文化を綜合して行く、そこに日本文化の優秀な所以がある〉と、そのフレキシビリティを高く評価するのです。

日本は「日本固有」というものにこだわらず、外国文化に対して、その都度どうすればいいか悩み、取り入れてみてはやり直し、実行してみてはやり直しを繰り返せばいい。日本人はその連続に耐えうる民族性を持っているというのです。外国の文化が自国の文化となっていく、矛盾的自己同一です。

ここには、西洋が東洋に優越するという進歩主義的白人思想への批判があるだけではありません。天皇概念を世界的な普遍の価値へと高められるとする、当時の日本に蔓延《まんえん》していたエキセントリックな自民族中心主義への批判もまた込められていたと思うのです。

## 「無の世界」と戦争肯定の論理

こうした西田の議論を、とても分かりやすく、戦時期の大東亜共栄圏建設の哲学的基礎へと展開しようとしたのが、西田の愛弟子で戦時中の側近でもあった高坂正顕でしょう。

高坂によると、世界史は四つの段階に分けられます。

第一段階は古代ギリシアの価値観に基づく時代。世界の中心は自然に置かれていますが、常に均衡せず、内部崩壊をもたらして長続きしません。

第二段階は中世ヨーロッパの価値観に基づく時代。世界の中心はキリスト教の神です。神は現世を超越した存在であり、それによって世界を支配しているはずだったが、神の代理人たる教会が現世に出現して決定的な矛盾が生じた。この綻《ほころ》びが宗教改革以後の混乱につながります。

第三段階は人間中心の世界。根本的には人間は自由なものと規定されていますが、実際には社会を維持するために人間が管理され、文明の歯車として使い捨てられていきます。

そして、今や第四段階に世界が進む時が来たのだと、高坂は説きます。この大東亜戦争こそが、第四段階の世界をもたらすための戦いであって、日本はヨーロッパに代わって新しい世界史的価値観を示す使命を持っているのだと主張します。ではその第四段階とはどんなものなのか。高坂は言います。それは「中心のない世界」であると。

これまでの世界は自然や神や人間そのものを中心に置いてきたが、どれも世界の中心になれないことが証明された。では、自然や神や人間の代わりとなるものがあるかといえば、もう、そんなものはない。高坂は西田哲学を援用して、世界は「絶対矛盾的自己同一」であり、何が正しいのかわからない、中心を欠いた「無」の世界だと論じます。無というのは、繰り返しになりますが、何もないということではありません。確実な「有」を求められない世界です。人類はそれが世界に有効な唯一の原理であって、そこを世界が思い知るために大東亜戦争が行われねばならないと説きました。第四段階である「無の世界」を世界に実現する。西田哲学の世界普遍思想化のための戦争だというわけです。

もちろん、こうした京都学派流の哲学が大東亜戦争を遂行する日本の根幹思想とされたわけではありません。戦争正当化のために、あるいは戦争目的の明確化のために、戦時下のこの国で説かれた思想のワン・オブ・ゼムでした。日本国内ですら京都学派は思想的覇権を握れなかったのです。そしてそういう思想闘争の混沌化の中で、日本は敗戦しました。でも、その後、西田・高坂的なものの考え方は、さまざまに受け継がれたと思います。

## 中心のない世界を生きる

戦後、京都大学教授を務め、リアリズムの立場から国際政治を論じた高坂正堯《まさたか》は、正顕の二男です。『国際政治』や『海洋国家日本の構想』などは、戦後日本の国際政治学を代表する、今日にもなお生きた著作でしょう。しかし、この高坂正堯のリアリズムを検討していくと、実は西田からつながる「無」の世界観を読み取ることができると思います。

高坂正堯は、冷戦構造を分析するなかで、アメリカが正しい、いやソ連が正しいという議論はあまり意味をなさないと論じました。国際政治とは、刻々と変わる力関係のなかで、次々と分岐していく選択肢を選び続けていくもので、これが正解です、とはっきり割り切れるものではない、と考えていました。つまり、高坂正堯の考えるリアルポリティクスは、父・正顕が論じた無の世界に非常に近いのです。今日の国際情勢を顧みれば、現在を生きる私たちもまた、まさに正解のない、そして中心もない世界に放り込まれているといっていい。まるで西田や父・高坂正顕の考え方そのものではありませんか。

また西田の説いた「この世界のすべてに意味がある」、必ずしも近代西洋思想のように進歩しなくてもいい、日本は日本の選択を悩みながら繰り返していけばいい、という考え方は、別の形でも、西田の弟子たちに受け継がれていきました。

たとえば、戦後の新たな京都学派の代表者と位置付けられた、生態学者の今西錦司が唱えた「棲み分け理論」は、生物には優劣はなく、ただ、その環境に応じて、棲み分けがおこなわれているのだと考える。全部の生き物には、それぞれの意味がある。弱者に見える生物も、自分たちのやり方で生きている。そこには、弱者の立場から世界を肯定しようとした西田哲学が生きているように思われます。

やはり、西田哲学とは今日の世界の混迷が深まれば深まるほど、なくてはならぬ思想なのです。西田を参照せねば、われわれはまたとんでもない誤りを犯すことになるでしょう。

# 丸山眞男　戦後民主主義の「創始者」として

吉田松陰から始まって、近代の日本において、日本人が何を考えてきたか、どんな問題に頭を悩ませてきたかを追いかけてきましたが、やはり最後は近代日本の総決算ともいうべき「敗戦」を取り上げてみたいと思います。

丸山眞男といえば「戦後民主主義」。リベラル派の戦後知識人の最高峰として、今なお特別な存在です。平成八年（一九九六）に丸山は亡くなるのですが、没後も人気は衰えず、全集は当然のことながら、書簡集、座談集、講演録、さらには講義ノートまでもが次々と出版されました。夏目漱石や宮沢賢治のような文学者ならともかく、日本の近現代の学者で書いたもの、しゃべったことがここまで何でもかんでも本になる人はちょっと珍しいでしょう。

たとえば岩波新書に入っている『日本の思想』（一九六一年）などは、いまでも高校や大学などの読書案内で必ず挙げられる一冊ではないでしょうか。この本に収められている『「である」ことと「する」こと』などは、高校の現代文の教科書に載ったこともあり、多くの人が覚えている文章だと思われます。近代社会とは、たとえば王様「である」、家長「である」ことよりも、積極的にことを為す、経営を「する」、権利を主張「する」ことがより重要なのだが、日本は依然として身分社会的な「である」論理が支配力を持っていて、会社でも上司「である」、部下「である」ことが強調されてしまう――という日本における「近代の未発達」を説いたものです。「日本の学問、文化はタコツボ型、西洋はササラ型」と論じた「思想のあり方について」も有名ですね。西洋の学問は、入口はそれぞれ別でも、その根本はつながっていて、共通の真理を追究しているから、互いに対話が成立する。それに対し、日本はそれぞれが専門化し、タコツボのように孤立しているから、ほかの分野や組織との交流がなされない、というわけです。

このように、上手な対比を用いて、日本の近代化の歪みを指摘するのは、丸山の得意技といえますが、それだけならば、ほかにも優秀な論者はいたでしょう。では、なぜ丸山だけが特別な存在とみなされてきたのでしょうか。

幕末・維新以来、この国はずっと「外国の圧迫からいかに守るか」「西洋近代をどのように受け入れ、かつ自立を果たすのか」という問題に直面してきました。そこにはさまざまな答えがありました。しかし、昭和の敗戦は、それをいったん御破算にするインパクトがあったと思います。そこで私たち日本人があらたに直面した問題は、煎じ詰めると、二つの問いに集約されます。それは「私たちはなぜ負けたのか」、そして「私たちはこれから何をしたらいいのか」。私の考えでは、丸山は戦後の早い段階で、この二つの問いに解法を提示し、迷える日本人（特に知識人）に方向性を指し示しました。だから、戦後日本の言説空間で大きな影響力を持ち続け、特別な存在であり続けたのです。

その丸山の「解法」において重要なキーワードは、「超国家主義」と「八月革命」です。前者は「日本はなぜ負けたのか」という問いにつながり、後者は「日本国憲法とは何なのか」に答えるものでした。この問題については、のちに詳しく論じるとして、まずは丸山眞男という人がどのような人生を送ったかを簡単に振り返ってみましょう。

## ジャーナリストの家に生まれて

丸山眞男は大正三年（一九一四）、大阪は東成郡天王寺村、現在の大阪市阿倍野区に生まれます。一九〇二年生まれの小林秀雄よりちょうど一回り下になります。

父は丸山幹治という、大阪朝日新聞に勤めるジャーナリストでした。兄の丸山鐵雄は、NHKで「日曜娯楽版」や「のど自慢」を作ったプロデューサーです。弟が二人いて、そのうちの一人がジャーナリスト、評論家となる丸山邦男でした。丸山眞男自身も東大法学部教授というアカデミズムの世界に身を置きながら、社会状況にコミットする言論活動を展開していきます。その意味では、美濃部達吉とも重なり合うところがあります。

父の丸山幹治は大阪朝日新聞でニューヨーク特派員や通信部長を歴任、「天声人語」を執筆したりもしていました。その大阪朝日新聞で大正七年（一九一八）に「白虹《はっこう》事件」が起こります。『史記』のなかに始皇帝暗殺が企てられた際の記述として、「白虹日を貫けり」という一文があるのですが、それが新聞の記事に引用されていたことが問題となり、右翼団体による脅迫や不買運動が起こされ、社長の退陣にまで至ります。この事件で、丸山幹治は長谷川如是《にょぜ》閑《かん》らとともに退社します。

朝日を辞した幹治は、大正十年（一九二一）、読売新聞に移って経済部長となり、丸山家も東京に引っ越します。そのために、丸山家は大正十二年の関東大震災で被災することになります。のちにあらためて述べますが、このときの体験は丸山眞男の思想に大きな影響を及ぼすことになります。

父の幹治は、その後もジャーナリストとして様々な報道機関を転々とします。大正十三年には今度は中外商業新報、現在の日本経済新聞に転じ、翌年には朝鮮に単身赴いて京城日報の主筆になる。さらに昭和三年（一九二八）には大阪毎日新聞の論説委員となって、家族を東京に残し、関西へ。その間に眞男は大正十五年（一九二六）に東京府立一中に入ります。旧制中学は普通、五年で卒業ですが、当時は最短コースとして中学四年生で旧制高校を受験することができました。そこで眞男も昭和五年（一九三〇）、中学四年時に一高を受験しますが、不合格。翌年、あらためて受験して一高に進学します。

## 検挙、徴兵、被爆体験

こうして入った一高で、丸山は大きな出来事に遭遇します。昭和八年（一九三三）に唯物論研究会が催した長谷川如是閑の講演会を聴きに行って検挙されてしまうのです。長谷川如是閑は大正デモクラシーを代表するジャーナリストですが、父・幹治の大阪朝日時代の同僚でもあり、丸山家と付き合いが深く、若き丸山眞男にも多大な影響を与えました。その如是閑が講演を始めようとした時に、警察が乱入、丸山も検挙されて本郷区（現在の文京区）の本郷本富士警察署に勾留されてしまいました。唯物論といえばマルクス、エンゲルスです。当時、唯物論研究会は、マルクス主義や共産主義を広める団体として、治安当局からマークされる対象でした。

ちょっと話は横に逸《そ》れますが、この本富士警察署は、思想犯の取り締まりなどで、よく戦後史や現代史の本に登場します。署長は警察官僚の出世コースとして有名でした。オウム事件の時に狙撃された國松孝次警察庁長官とか、安倍政権の北村滋内閣情報官も、本富士警察署の署長を経験しています。

さて昭和八年当時、思想警察である特別高等警察、いわゆる「特高」はどれくらいの割合で警察にいたか想像できるでしょうか。先日、古本市で、昭和八年の警視庁名簿を見つけて思わず買ってしまいましたが、それによると、当時、特高警察は各警察署に振り分けられており、本富士警察署は全二百二十九名の職員のうち、約十名が特高専従でした。これには組織図も載っていて、特別高等警察部という組織の中に、外国人を取り締まる外事課、朝鮮人を取り締まる内鮮課、労働運動をマークする労働課、それに検閲課などが置かれています。治安維持法違反事件を担当していたのは、特別高等課第一係でした。この時の特高警察部長は安倍源基《げんき》で、終戦時には鈴木貫太郎内閣で内務大臣も務め、戦後に『昭和動乱の真相』を書いています。

ちなみに名簿を見ていると、警視庁の職員の出身地ランキングも掲載されていて、一位が東京なのは人口からいっても当然なのですが、二位が茨城、三位が福島となっています。全体の一割弱を茨城出身者が占めています。農村から出てきて、定職に就きたくて警察官になるパターンが少なくなかったことが想像できます。その点、陸軍と似ているかもしれません。

話を丸山に戻しましょう。その後、丸山は順調に学者として出世していきますが、検挙されて、取り調べを受けたことは、戦前の社会においてはその経歴にうっすらとした影を落とすものになったと思われます。

昭和九年（一九三四）、東京帝国大学法学部政治学科に入学、南原《なんばら》繁、岡義武、蠟山《ろうやま》政道、宮沢俊義《としよし》といった錚々たる学者たちの講義を受けます。なかでも丸山に強い影響を与えたのは、南原繁の政治学史ゼミでした。昭和十二年、卒業と同時に法学部助手となり、昭和十四年に「政治学、政治学史第三講座」（東洋政治思想史）が新設され、翌年、二十六歳でその講座の助教授に昇進します。

ところが昭和十九年（一九四四）、三十歳の丸山のもとに召集令状が届きます。当時、大卒者は幹部候補生に志願して将校になるなどの道もあったのですが、丸山はあえて陸軍二等兵となり、朝鮮の平壌に赴任します。二ヵ月後、脚気のため内地送還が決まり、召集解除となって、応召から四ヵ月で帰還しますが、翌年三月、再召集され、広島の陸軍船舶通信連隊に配属されます。陸軍は瀬戸内海にたくさん船を持っていて、そこで暗号教育を受け、四月から参謀部情報班に転属。二等兵とはいえ帝大助教授ですから情報分析的な作業に従事させられたわけです。そして昭和二十年八月六日、広島に原爆が投下され、爆心地から五キロメートル地点で被爆します。

こうして丸山の人生をたどってみると、特高による検挙、高齢での徴兵、広島での被爆と、戦争の不条理、悲惨さを語るエピソードに事欠きません。さらにいえば丸山が亡くなったのは平成八年（一九九六）の八月十五日でした。めぐり合わせといえばそれまでですが、こうした履歴が、終戦以降、むしろ「軍国主義に同調しなかった」「戦争の不条理を身をもって知っている」「リベラリストとして本物だ」とみなされる証として機能した。

いわば、「戦後民主主義の代表選手」となる伏線ともなったのです。

## 安保闘争のオピニオンリーダーとして

戦後は大学に戻って、憲法研究委員会の委員になったり、教授に昇進したり、結核を発症して療養したりもしますが、大学人として多彩な活躍を続けていきます。

なかでも丸山の存在が大きくクローズアップされたのが、昭和三十五年（一九六〇）の日米安全保障条約の改定をめぐる安保闘争でした。「岸内閣総辞職要求」の文化人集会で、二千人を超える聴衆の前で演説を行い、「安保闘争支持」のオピニオンリーダーとみなされます。

興味深いのは、このときの丸山の立脚点です。結局、日米安全保障条約は改定され、安保反対派は敗北したわけですが、丸山はこの闘争を「勝利」と総括しました。なぜなら、丸山は、単に日米安保に反対するのではなく、あくまで政治的手続きの観点から民主主義を守るために、安保闘争に加わったからです。当時の岸信介内閣は、安保改定のために国会での強行採決を行いました。丸山は、そうした議会主義の本筋に反する流れを止めたいと考えたのです。だから、無理を通そうとした政治に対して市民が一石を投じたことで、岸内閣が退陣を余儀なくされた、政治に大きな変化をもたらしたことを「勝利」とみなしました。民主主義というプロセスを擁護する丸山の姿勢は、政治学者としての彼の信念とも合致するものだったといえるでしょう。しかし、安保改定そのものに挫折感を抱いた人々、ことに学生たちとの乖離《かいり》はこのときすでに生じていたともいえます。

面白いことに、翌昭和三十六年、丸山はハーバード大学の特別客員教授として招聘《しょうへい》されます。この辺りは、なぜこのタイミングで「安保闘争の雄」となった丸山がアメリカに招かれたのか、色々と深読みさせられるところでもあります。丸山はこの後も盛んに英米の有名大学に招かれるようになります。

そして昭和四十三年（一九六八）を迎えます。六〇年代後半はベトナム戦争反対運動、パリの五月革命、中国の文化大革命と、世界中で若者たちが反体制運動を繰り広げていました。日本にもその熱は伝わってきて、各地で学生運動が激化します。昭和四十三年の東大紛争もこの流れで起きました。学生たちの反乱によって大学では授業が行えなくなり、翌昭和四十四年の入試は中止になりました。講義が再開されても、研究室が荒らされたり、教授たちへの授業妨害や吊し上げが続きます。学生たちが法学部の研究室を封鎖したのに対し、丸山は「こんなことは軍国主義者も、ナチスもしなかった暴挙だ」と怒りをあらわにしたと報じられました。これが学生たちの反感を招きます。学生をナチスよりも凶悪なものだと言うのか。こうして丸山は「戦後民主主義のオピニオンリーダー」から一転、「結局は東大の権威を守りたい体制側の教授」として糾弾されるようになったのです。丸山も深く傷つき、体も壊して入院し、授業に復帰することもなく東大を定年前に去ることになりました。昭和四十六年のことです。

しかし、知識人としては依然、大きな影響力を保ち、『戦中と戦後の間』『「文明論之概略」を読む』『忠誠と反逆』といった著作を刊行していきます。英米からの招きに応じてオックスフォード大学やカリフォルニア大学などで教鞭をとり、国際的なネットワークを持ったリベラルな知識人として晩年まで活発な活動を続けていきます。そして平成八年（一九九六）八月十五日に肝臓癌のためこの世を去る。八十二歳でした。

## 「八月革命」説の意味

こうして生涯を振り返ると、戦後民主主義のオピニオンリーダーとしての丸山のピークは、六〇年安保だったようにも見えます。丸山と戦後民主主義と聞いて、だれもが思い浮かべる有名な言葉があります。

〈私自身の選択についていうならば、大日本帝国の「実在」よりも戦後民主主義の「虚妄」の方に賭ける〉

これは昭和三十九年（一九六四）五月、未来社から刊行された『現代政治の思想と行動』増補版の後記に記されたものでした。しかし、ここで丸山が〈賭け〉た「戦後民主主義」とは具体的には何を指すのかは、意外と論じられてこなかったのではないでしょうか。

それは、この前の文章にちゃんと書かれています。丸山が戦おうとしていたのは、〈たとえば戦後民主主義を「占領民主主義」の名において一括して「虚妄」とする言説〉でした。つまり、丸山は占領下で生まれた民主主義を守ると宣言しているわけです。では、「占領民主主義」として批判されたものとは何か。それは日本国憲法にほかなりません。

そこで「八月革命」が核心的な重要性を持ってきます。

「八月革命」は、丸山も師事した東大の憲法学者、宮沢俊義が唱えた学説です。簡単に言えば、戦後にできた日本国憲法は、明治に作った大日本帝国憲法とはまったく別物で、主権者が天皇から国民に替わった。これは革命といってもいい大変化である、そして、昭和二十年（一九四五）の八月、ポツダム宣言の受諾によって、日本は革命を迎えたのだ、と宮沢は主張しました。

私たち現代人にとっては、明治憲法と新憲法は全く違うもの、というのは常識でしょう。しかし、敗戦直後、昭和二十年から二十一年にかけて新憲法が成立するまでの過程は、そんなに簡単なものではありませんでした。

ポツダム宣言は、「軍国主義の駆逐」、「戦争遂行能力の破砕」、「戦争犯罪人の処罰」などを挙げ、〈前記諸目的が達成せられ、かつ日本国国民の自由に表明せる意思に従い、平和的傾向を有しかつ責任ある政府が樹立せらるるにおいては、連合国の占領軍はただちに日本国より撤収せらるべし〉としています。つまり、「日本が平和的な国に生まれ変わったと我々連合国が判断するまで、占領状態は解かれない」と規定していました。そこでアメリカが求めたのは、日本の有り様が一新するような新しい憲法の制定だったのです。その核心は、天皇主権から国民主権への大転換です。

それに対して、日本政府では松本烝治《じょうじ》が主体となって憲法案を整理しようとします。一方で、近衛文麿は京都帝国大学の憲法学者・佐々木惣一を連れてきて新憲法案を作成しようとする。しかし、それらはいずれも明治憲法の憲法改正手続きを使って、天皇という国体は連続したまま、憲法を改定しようというものでした。つまり、天皇主権を変更するものではなく、明治憲法からの連続性が強い「改正案」だったのです。新憲法をめぐって、アメリカと日本の間では、こうした綱引きが行われていました。

美濃部達吉も新憲法は不要とする立場でした。そもそも大日本帝国憲法はリベラルな性質を持っているので、自分の天皇機関説による解釈を復活させれば、アメリカの求める民主主義国家は保障されると考えていた。大正リベラリズムの文脈を汲む政治家の幣原《しではら》喜重郎も若槻礼次郎も、美濃部同様、帝国憲法をそんなにいじらなくてもいいんじゃないか、という立場でした。

しかし、次世代の意見としてはそのような生ぬるいものでは済まない。昭和二十一年（一九四六）二月に東大総長の南原繁が「憲法研究委員会」を学内に設立し、宮沢俊義を委員長とする体制が発足します。東大法学部の現役教官の面々によって新憲法案が検討されてゆくのです。

ここに丸山も参加します。丸山自身はのちに「ぼくは書記係のようなことをやっていた」と述べていますが、実際には新しい憲法のデザインに積極的に関わっていったのでしょう。ＧＨＱの求める新憲法とは何か。言葉悪く言えば、それを忖度《そんたく》する形で草案を練っていく。もちろん、東大グループが憲法案を練っているうちに、別のところで日本国憲法は出来てしまったのですけれど、宮沢らが新しい憲法を意味づけ、意義づけてゆく役割を強力に担ったことに、疑いの余地はありません。何しろ「八月革命」説というとてつもないカードを切ってきたのですから。

アメリカの求める民主主義というものが、明治憲法体制からの連続性において解釈され得るはずはない。ひとつの国に、古い憲法とは連続性のない次の憲法ができることは、体制の変革であるから革命である。民衆が蜂起して起こした革命ではないけれども、法的な革命と位置付けられる。こうして宮沢を代表とする東大グループは、日本国憲法とは「八月革命」の産物であり、その制定こそ革命の成就であるとの議論を展開しました。「書記をやっていただけ」と回想していた丸山ではありますが、実は「八月革命」の元のアイデアを提起したのは丸山だったともいわれています。

そして大正期に美濃部達吉の天皇機関説が有力説となったように、東大グループの編み出した「八月革命」説は、憲法解釈上で最有力学説として、いまも覇権を握っています。つまり、丸山たちが考えた天皇主権から国民主権へのアクロバティックな移行の論理が、戦後日本の進む方向を決めたのです。

ここで〈大日本帝国の「実在」よりも戦後民主主義の「虚妄」の方に賭ける〉に戻ります。つまり丸山は、新憲法はアメリカによる押しつけ憲法であり、「八月革命」によって主権者となった日本国民が制定したというストーリーは「虚妄」、フィクションに過ぎないという批判もあるだろう、しかし、それでも日本国憲法によって主権者が天皇から国民に替わったのだ、大日本帝国とは完全に切れた戦後民主主義に自分は殉じるのだ、と言っているわけです。

ある意味で、丸山は戦後民主主義の擁護者ではなく、むしろ創始者のひとりでした。だから、戦後民主主義者としての丸山のピークは、一九六〇年ではなく、日本国憲法が制定された一九四六年だったといえるかもしれません。

## 「超国家主義」とは何か？

丸山を論じるもうひとつのキーワードは「超国家主義」です。宮沢俊義が「八月革命」説を発表したのと同じ頃、雑誌『世界』昭和二十一年（一九四六）五月号に、丸山は「超国家主義の論理と心理」を発表します。

実はこの「超国家主義」もアメリカ発の概念でした。丸山はいいます。

〈日本国民を永きにわたって隷従的境涯に押しつけ、また世界に対して今次の戦争を駆りたてたところのイデオロギー的要因は連合国によって超国家主義《ウルトラ・ナショナリズム》とか極端国家主義《エクストリーム・ナショナリズム》とか

いう名で漠然と呼ばれているが、その実体はどのようなものであるかという事についてはまだ十分に究明されていないようである〉

アメリカは戦争中から日本をエクストリーム・ナショナリズムの国だと盛んに主張してきました。ウルトラ・ナショナリズムという言葉もそこから派生しています。ポツダム宣言でも「日本国民を欺いて世界征服に乗り出す過ちを犯させた勢力の永久除去」という条件を掲げて、これを改めないと占領は終わらないぞ、といっているのだけれど、そもそもこの「超国家主義」とは何なのか、アメリカでさえ明確に定義づけできていない、と丸山は指摘しているのです。だったら、日本のほうで、超国家主義の定義をすればいい、と考えた。そして、もう日本は超国家主義ではない、という論理を、先回りして準備しようとした。これが、丸山が敗戦直後に行った大きな仕事なのです。

たとえば昭和二十年（一九四五）十二月十五日、ＧＨＱは「国教の分離に関する指令」、いわゆる「神道指令」を発令しました。この約二週間後、天皇に「人間宣言」をさせることになる指令ですが、この中に神道を〈日本人民を欺き侵略戦争に引きずりこむため造られた軍国主義的過激な国家主義的な宣伝に（略）悪用する〉ことが再び起きないように、防がなくてはならない、と書かれている。

ここで注意したいのは、アメリカが警戒し、戦後民主主義の日本で解消して欲しいものが単なる「軍国主義《ミリタリズム》」ではなかったということです。日本を侵略国家にした最大の原因が軍国主義だとしたら、軍を解体すればそれで話は解決します。しかし、アメリカが除去したいと考えたのは、ウルトラだったりエクストリームだったりするナショナリズムだった。これが難問なのです。

ナショナリズム自体はアメリカにもあります。星条旗のために命を懸けて闘う兵士は当然、連合国にもいたわけですから、これを否定することはアメリカにもできない。しかし、日本のナショナリズムは極端で異常だ、と彼らは考えていました。降伏すればいいものを死に物狂いで突撃してくる。民間人がバンザイと言って崖から身を投げる。天皇のために特攻してくる。一億玉砕を唱える。この極端で異常な国民性に問題があるとするわけです。

ですから軍人や、軍国主義を煽《あお》った政治家や官僚や経済人を追放すれば済む話ではなく、神道指令まで出さざるを得なかった。神道を批判して、天皇が現人神《あらひとがみ》であることを否定させればどうにかなるのではないかと考えたのでしょうが、肝心のウルトラ・ナショナリズムのどこがウルトラなのか、アメリカにもよく分からなかったわけです。この難問に先手を打って解法を示したのが丸山眞男でした。

## 無責任の体系

丸山はまず、近代的な民主主義国家というものは、国民の内面に対して思想や価値観を強制しないものだと定義します。その上で、第二次世界大戦で負けた国々、日本やドイツはこれを逸脱し、逆行したところがあったとします。日本なら天皇崇拝。ドイツならハイル・ヒトラー。内面にまで踏み込んで、価値観の踏み絵を国民に迫っていた。そして、こうした形での国民統合は正常な近代的ナショナリズムではない、極端なナショナリズムだと整理します。

ここまでは、何も丸山でなくとも論じられるような話です。しかし、この先が丸山の真骨頂です。丸山はさらに、天皇崇拝という価値観がどういう国民性を作り、どういう国家を作ってきたかに踏み込んでいきます。

そして天皇崇拝によるウルトラ・ナショナリズムがあらわれた一例として、昭和十八年（一九四三）二月五日の第八十一議会における東条英機の発言を引き合いに出します。東条首相は、その政治手法が独裁政治であるという批判に対して、こんな言葉を返します。

〈「東条というものは一個の草莽《そうもう》の臣である。あなた方と一つも変わりはない。ただ私は総理大臣という職責を与えられている、ここで違う、これは陛下の御光を受けてはじめて光る、陛下の御光がなかったら石ころにも等しいものだ。（略）そこが全然いわゆる独裁者と称するヨーロッパの諸公とは趣を異にしている」〉

つまり私は天皇にただ仕えて、私心なく、職務を忠実に果たしているに過ぎない。自分の意志によって何かをしようという気持ちはさらさらない。天皇の忠実な僕《しもべ》として、オートマティックにやっているんだ、というわけです。

では天皇はどういう価値を日本や臣民に求めているのか。アメリカは天皇をヒトラーのような独裁者だと思っている節があるけれども、決してそうではないと丸山は解説します。つまり、天皇というのは天照大神、皇祖皇宗に連綿とつながる万世一系の血統のおかげで威光を発しているわけで、天皇自身というものが主体ではないのだと。天皇もまた自分の意志によって何かをしようという気持ちがない、というわけです。東条と同じロジックなのです。

ですから大日本帝国憲法は欽定憲法といえども、天皇が主体的に作ったものではない。昔から日本はこうやって国を統治していたということを、ただ天皇が定めたという形式をとっているのである。このように天皇もまた、無限の古《いにしえ》に遡る伝統の権威を背後に負っていて、皇祖皇宗の意志に従っているのだといえる。

こう考えると、天皇も東条も意志を持たずに行動していることになる。だから、どこまで行っても行動に責任を持つ主体がいない。それが日本なのだ、と丸山は論じます。ヒトラーは独裁者として、全部自分で決めて行動しているという建前があったから、ヒトラーの自殺によってドイツの戦争は終わった。ところが日本の場合は、誰にも責任がない。責任を持つ存在がどこにもいない。この仕掛けこそが日本の異常な超国家主義の根元なのだと、丸山は説き明かすのです。

そして、この超国家主義というものには内容がない、とも論じます。天皇への忠誠競争で際限なく国民は熱狂して動員されていくが、天皇は何を求めているかを明確に示さないし、何を実現したらこの戦争が終わるのかも示さない。ただひたすら天皇に対して忠誠を尽くすための、目的の見えない動員が続く。こんな国の有り様は、近代的なナショナリズムでは説明がつかない。

これを丸山は「無責任の体系」と表現します。風向き、忖度によって国の方向性がなんとなく定められ、ただ回っている。「一体、何のためにやっているんですか？」と尋ねようものなら、特高警察がやってきて逮捕されてしまう国。これが特高警察に検挙された経験を持つ丸山眞男が思い描く、日本の空虚な国家主義です。「超国家主義」の正体は、「空虚」だったのです。

そして、この国民性を克服するためには、結局は民主主義を純粋に追求して、一人ひとりが責任を持って、誰かに責任を押し付けない国のかたちを作っていくしかないと考えます。

こうして「八月革命」による新憲法で、国民に忠誠を強《し》いる仕掛けとしての天皇は象徴に納まった。責任を皇祖皇宗へと無限に遡らせてしまう万世一系の仕掛けもまた否定された。責任の主体は国民になった。だからアメリカが問題視する超国家主義はすでに解決の方向に向かっている。これが丸山の示した解法でした。

同時にこれは、日本がどうして負けるとわかっている戦争をやめられなかったのか、という問いに対する解答にもなっています。誰も戦争を避けることによって起きる巨大なデメリットの責任を取ろうとせず、また取ることができなかった。だから日本は負けたのです。

## 天皇の責任を論じる

実はこうした丸山の問題意識は、戦時中から一貫していました。もちろん、「天皇は無責任な存在だから、国がおかしくなる」とストレートに発表することはできませんでしたが、違った形で天皇の責任問題を論じたものが「神皇正統記に現われたる政治観」（一九四二年）です。これは日本は特別な国だということを再確認するために『神皇正統記』を一生懸命読んでいる国民に冷や水を浴びせるような文章です。

つまり、南北朝時代に『神皇正統記』を書いた北畠親房《きたばたけちかふさ》には〈実践的意欲〉があった。それは当時の後村上天皇に対して、天皇は政治に責任を持つ主体でなければならない、と教え諭すのが目的だった。そう丸山は説きます。三種の神器を持っていれば、それだけで天皇は何もしなくても偉い、という話ではない。親房によれば〈政治的なものの理念は正直・慈悲・決断という三要素において成立〉し、鏡は〈正直の本源〉、玉は〈慈悲の本源〉、剣は〈智恵の本源〉であり、〈つまり三種の神器はそれぞれこの政治の三要素の象徴にほかならぬ〉というわけです。たとえば、鏡は、為政者が常に私心を捨てて国のために政治を行うことを命じている。丸山の解釈では、『神皇正統記』は万世一系神話を強調する書物ではなくて、天皇の責任を説いたものであるというわけです。

また戦時中に丸山眞男が書き残したノートが出版されていますが、これにも人間の責任と主体性の重要さが書かれています。

〈組織を担っている人々が、行動の各瞬間にあたかもはじめて新しい問題に対するごとくに決断しつつ組織を動かしている限り、進歩的であり生命がある〉（「折たく柴の記」昭和十八年のノート）

歴史を動かすのは人間の主体性、個人的意思、主観的精神。自分で決断して、責任を持ってやるという気持ちがなかったら、本当に歴史を動かすことはできない。先にみた東条発言を思い出せばわかるように、誰も本気で歴史を動かそうとしていない状況が総力戦体制の戦時中にあったわけです。これに対し丸山は怒っている。

これは終戦直後のノートになりますが、丸山は責任ある主体によって行われる政治決断は〈有効適切なる行政の迅速かつ能率的な遂行のため、能う限り権力を集中し、しかもかく集中された権力をいかに民衆の意思に根拠づけるかにある〉（「折たく柴の記」昭和二十年十月二十九日のノート）と論じます。みんながああだこうだ議論ばかりしてまとまらず、決定できない政治は、危機の時代には不向きで、〈集中された権力〉の主体が責任を持って、民衆の意思に根拠づけて政治決断をすべきだと言う。ですから丸山の目指す戦後民主主義は、みんなで議論してよい政治を行いましょうという単純なものとはかなり違う。

戦後の丸山の大きなモチーフとなる「忠誠と反逆」にしてもそうです。忠誠心は何かに対して一生懸命になる気持ちを生じさせる、大事な心だ。でも、天皇や国家による命令に唯々諾々と従うだけでは、人間はただの道具になってしまう。そうではなくて、日本はこういうものを目指すべきだという自分の内なる理念、道徳律に対する忠誠心を発揮すべきだ。もし今の体制の枠内で、自分の理想が実現できないのであれば、その時は強い個人主義、自由主義、デモクラシーでもって反逆する。こういう精神を一人ひとりが持つべきだと説くのが「忠誠と反逆」なのです。ですから丸山には、実は権力の集中や決断主義のような、やや危険さを伴う政治のあり方を理想とするところがあった。これは、戦争に対して誰が責任を持っているのかという怒りに原点があったと思います。

## 関東大震災という原体験

丸山眞男の考える正しい政治とは、こうした強い責任主体を持ち、強い意思を持って、目指すべきところへ可及的速やかに到達し、妥協すべきところは妥協し、戦うべきところは戦って自由を獲得しようとするものでした。重要なのは理性によって日々正しい判断を続けていくこと。これを丸山は「永久革命としての民主主義」と呼んでいます。同じ革命でも、暴力革命のような力業で一気に理想を実現しようとするユートピア思想はむしろ厳しく退けていました。

急進的な革命を嫌悪し、一人ひとりの責任を重視する。このような丸山のいつに変わらなかった基本的態度の原点は、関東大震災にあったと私は考えます。

「恐るべき大震災大火災の思出」（一九二三年）という文章を読んでみましょう。当時九歳の丸山が関東大震災の直後に書いて、自分で本に仕立てたものですが、没後に出版されています。

震災で家を逃れて、父の友人である長谷川如是閑の家で寝起きしたことなどが書かれているのですけれど、この震災で丸山が大きくショックを受けたのは、夜になっても明かりが灯らない、電話も通じない、ガスも水道も止まってしまったという体験です。丸山少年はこれを〈地震のために今が昔にひっくりかえったんだ〉と表現します。インフラが全停止し、文明的な暮らしができなくなった。

そして火災。〈震災ばかりなら、まだよいのに、火災が起こり、二つで攻めて攻め立てたので、いかなる帝都もついに、このようになったのである〉と記し、〈突ぜん大地震が襲来した時大方の人は自分一人の命がたすかれば、この東京市はどんなになってもかまうものかと言う心であったに相いない。そうでなければすぐに地震中、てばやく火をけすであろう〉と考えます。個人主義、自由主義は大事なのだけど、自分一人のことだけ考えずに公徳心を持って行動すべきじゃないか、というようなことが子どもなりの考えとして書かれている。そして最後に〈人間は永久に忘れてはならぬ！／忘るるな大正十二年九月一日〉と書いて文章は終わります。

　これを読んで私は、丸山の人生にとって非常に大きな影響を与えたのは、ライフラインが停止したことによる不自由の記憶なのではないかと感じるのです。

　丸山は急進的な革命について、こういう言い方もしています。

〈政治社会の革命行動というのは、とりかえしのきかない実験です。実験室でもってやるなら、あっ、いけない失敗した、やりなおせと、トライアル・アンド・エラーでいい。革命行動というのはそうはゆかない。どんな政治闘争の局面をみたって、目に見える形で、たとえば人命を殺すという形でのコストだけじゃなくて、生活が破壊されたり、再起不能に近い精神的な傷を多くの人が受けたり、いろんな形のコストがある。そういう生き生きしたイメージのない人が革命的指導者になったらたまらないな。概念やコトバでぎっしり頭がつまって、ものが見えない人、見えてもそれと別に概念操作をする人がどうも左翼に

少なくない〉（「先進国革命と社会主義」『現代日本の革新思想』一九六六年）

電気、ガス、水道を止めてはならない。文明人の暮らしを破壊してはいけない。今や日本人がロシア革命に憧れても意味はない。ロシア革命は当時のロシアの大都市にインフラが発達していないから暴力的にできたのだ。学生運動に乗じて人の研究室を荒らすような奴はナチス以上にけしからん。このような発言を繰り返したので、ラディカルな人々は丸山から離れていきました。しかし、現在の我々にとって大事なのは、丸山の言う通り、生活の継続性ではないでしょうか。

　好きなクラシックレコードを聴けて、好きな人の講演会に参加していても特高は来ないし、本を読んでいてもゲバ棒を持った学生は乱入してこない。そうした落ち着いた生活を送ることができるのが、人間にとって一番大切なことだ。生ぬるいといえば生ぬるい。ブルジョワ的だと片付けられるかもしれません。しかし、生活の足元が固まってこその民主主義であり、足元を固めるためには、言うべきことは言わなければならない。自ら責任を担わなければ、「無責任の体系」に流されてしまう。丸山は、関東大震災、特高による検挙、戦争体験、学生運動によって、こうした実感を、政治思想として深化させていったのだと思います。

このように、丸山の戦後民主主義とは、無秩序や停電や断水や暴力の記憶に脅かされながら、日々の正しい判断の持続的な積み重ねによって、新たに襲い掛かろうとする諸々の危機を果てしなく回避してゆこうとする営みに他なりませんでした。だからこそ、丸山の思想は、普通の暮らしを送る市民に「戦後」を生きる指針を与え続けてきたのでしょう。

なんだ、つまらない、と思うなかれ。本当に大切なのは普通の自由な生活であり、普通の自由な生活は、ラディカルな態度を伴わなくては守れない。日本人らしく普通にしていては普通の自由は保てない。普通とはたいへんなことだ。日々、主体的に思い詰めていなくては、普通なんてたちまち消し飛んでしまうのだ。丸山の教えでしょう。

はて、私どもは「戦後」に普通と思ってきたことを、今、普通に味わえ、享受できているのでしょうか。民主主義なんて油断すれば儚《はかな》く消えてしまう。虚妄に賭けるとは生易しいことではありません。

# おわりに

文藝春秋主催の「夜間授業」を、二〇一七年九月から翌年七月まで、月一回ずつ、やらせて頂きました。八月は夏休みにして、通年だけれど十一回で終わり。一回券は原則として出さず、通してご受講頂ける方を募り、平日の夜に連続講座を開くという形式。タイトルは「日本の近・現代史１００年を彩った11人の思想家」でした。一回一人ずつ、正味九十分程度で語り切る。たいへん熱心な受講者の皆さんと、濃密な夜間を毎度過ごさせて頂きました。教科書はなくて、毎回、レジュメと資料を配布して進めてゆく。順番は本書の通りです。

その内容を新書にしたらどうかと、現新書編集長の前島篤志さんに早くから仰って頂いていたのです。確かに入門的な中身のつもりでしたし、新書向きであるはず。けれど、実際は、我ながら盛りだくさんすぎて、一回では収まらぬことばかり。毎回積み残しが多く、おかしなトルソばかり並んでゆく調子。正直、本にはなりようがあるまいと思っていたのです。

ところが、前島さんが見事に仕切られて、新書一冊に収めて頂きました。書名も前島さんのアイデアです。アメリカの元はテレビドラマで、シドニー・ルメット監督による映画版で知られる『十二人の怒れる男』と、そのパロディと言える、三谷幸喜の戯曲『12人の優しい日本人』が下敷きでありましょう。私は『十二人の怒れる男』を愛好してもいれば、一九九一年の東京サンシャインボーイズの新宿での公演で『12人の優しい日本人』を観、とても記憶に残っているので、この書名はなんだか嬉しいのです。

11人の日本人の組み合わせから、もしも何らかの思想の葛藤の劇が見えてくれば、それに優る喜びはございません。

**片山杜秀**（かたやま　もりひで）
思想史研究者、慶應義塾大学教授。1963年宮城県生まれ。慶應義塾大学大学院法学研究科後期博士課程単位取得退学。著書に『未完のファシズム』（司馬遼太郎賞）、『近代日本の右翼思想』、『ベートーヴェンを聴けば世界史がわかる』、『皇国史観』など多数。

文春新書

1397

11人《にん》の考《かんが》える日《に》本《ほん》人《じん》
吉《よし》田《だ》松《しよう》陰《いん》から丸《まる》山《やま》眞《まさ》男《お》まで

---

2023年2月20日　第1刷発行

著　　者　　片　山　杜　秀
発 行 者　　大　松　芳　男
発 行 所　株式会社　文　藝　春　秋

〒102-8008　東京都千代田区紀尾井町3-23
電話（03）3265-1211（代表）

印 刷 所　　大 日 本 印 刷
製 本 所　　大　口　製　本

定価はカバーに表示してあります。
万一、落丁・乱丁の場合は小社製作部宛お送り下さい。
送料小社負担でお取替え致します。

---


ISBN978-4-16-661397-7